화엄경 독경본

5

화엄경 독경본 5

초발심공덕품~십행품

실차난타 한역 · 관허수진 번역

온주사

봄 타고 화장세계 나들이

봄이 왔네요.
산자락 언덕에도 후미진 실계곡에도 봄이 왔네요.
얼음 사이 미소 띠고 흐르는 저 작은 목소리
버들강아지 눈개비 다칠라 숨죽여 흐르는 저 은빛 물소리
진정 봄이 왔나보다.
그래
내 마음에도 모든 사람들의 마음에도 화사한
봄이 왔으면 좋겠다.
영세에 사라지지 않는 봄이 왔으면 말이다.
봄
생각만 해도 가슴 여미는 계절이지요.
이 봄 따라 봄나들이 어떻습니까.
뒷동산 산자락 실계곡 아지랑이 따라
화엄경을 타고 화엄의 세상으로
수많은 진리의 꽃으로 장엄한 부처님 최초의 노래
화장세계 그 속으로 말입니다.

우리의 마음은 화가와 같다고 하였던가요.
하얀 종이 위에 화엄의 그림을
그려 보시지요.
내가 누구인가 자유롭게 그려 보시지요.

우납이 역주한 『청량국사 화엄경소초』 제9권에 화엄전기를 인용하여 말하기를,
수나라 혜오 스님은 매일같이 화엄경을 독송한 공덕으로 산신의 공양청을 받았고
일천 명 나한의 최고 상석에 자리하셨으며,

번현지樊玄智는 두순의 제자로 매일같이 화엄경을 독송하여 입안에 백과의 사리를
얻었고,

혜우 스님은 지엄의 제자로 매일같이 밤마다 향을 사르고 여래출현품을 독송함에
황금색신의 열 보살이 광명을 놓고 연꽃자리에 앉아 있다가 홀연히 사라지는 모습을
보았으며,

혹은 화엄경을 독송하고 서사함에 한겨울에도 접시꽃이 예쁘게 피어났고 상서로운
새들이 꽃을 물고 왔다 하였으며,

왕명관은 사구게송만 독송하고도 지옥에서 헤어나 인도에 환생하였다 하였으니
그 화엄경을 독송한 가피와 공덕은 이루 다 말할 수가 없습니다.

어떻습니까.
이 상서와 가피를 가슴에 그리며 봄나래 타고 화장세계 속으로 나와 모든 사람들이
평온으로 웃는 그날까지 여행을 떠나 보지 않으시겠습니까.
이 화엄경 독경본은 화장세계 여행 그 나들이를 위하여 세상에 나온 것입니다.

2022년 3월 6일
승학산 화장원에서 관허

초발심공덕품 ①

그때에 제석천왕이 법혜보살에게 여쭈어 말하기를 불자여, 보살이 처음 보리의 마음을 일으켜 얻은 바 공덕은 그 양이 얼마나 됩니까.

법혜보살이 말하기를 이 뜻은 깊고도 깊어서 말하기 어려우며

알기 어려우며

분별하기 어려우며

믿고 이해하기 어려우며

증득하기 어려우며

행하기 어려우며

통달하기 어려우며

사유하기 어려우며

헤아리기 어려우며

나아가 들어가기 어렵습니다.

비록 그렇지만 내가 마땅히 부처님의 위신력을 받아 그대를 위하여 설하겠습니다.

불자여, 가사 어떤 사람이 일체 낙구樂具로써 동방의 아승지 세계에 있는 바 중생에게 공양하되 한 세월(一劫)이 지난 연후에 가르쳐 하여금 오계를 청정하게 가지게 하며

남방과 서방과 북방과 사유와 상방과 하방에서도 또한 다시 이와 같이 한다면

불자여, 그대의 뜻은 어떠합니까. 이 사람의 공덕이 어찌 많다 하지 않겠습니까.

제석천왕이 말하기를 불자여, 이 사람의 공덕은 오직 부처님이라야 능히 알 것이요 그 나머지 일체 사람은 능히 헤아릴 자가 없을 것입니다.

법혜보살이 말하기를 불자여, 이 사람의 공덕을 보살의 처음 발심한 공덕에 비교한다면 백분에 일분도 미치지 못하며

천분에 일분도 미치지 못하며

백천분의 일분도 미치지 못하며

이와 같이 억분과 백억분과 천억분과 백천억분과 나유타억분과 백나유타억분과 천나유타억분과 백천나유타억분과 수분과 가라분과 산분과 유분喩分과 우바니사타분에 또한 일분도 미치지 못합니다.

불자여, 이 비유는 차치하고 가사 어떤 사람이 일체 낙구로써 시방의 열 아승지 세계에 있는 바 중생에게 공양하되 백세월을 지난 연후에 가르쳐 십선도를 닦게 하며

이와 같이 공양하기를 천세월을 지난 연후에 가르쳐 사선정에 머물게 하며

백천세월을 지난 연후에 가르쳐 사무량심에 머물게 하며

억세월을 지난 연후에 가르쳐 사무색정에 머물게 하며

백억세월을 지난 연후에 가르쳐 수다원과에 머물게 하며

천억세월을 지난 연후에 가르쳐 사다함과에 머물게 하며

백천억세월을 지난 연후에 가르쳐 아나함과에 머물게 하며

나유타억세월을 지난 연후에 가르쳐 아라한과에 머물게 하며

백천나유타억세월을 지난 연후에 가르쳐 벽지불도에 머물게 한다면 불자여, 그대의 뜻은 어떠합니까. 이 사람의 공덕이 어찌 많다 하지 않겠습니까.

제석천왕이 말하기를 불자여, 이 사람의 공덕은

오직 부처님이라야 능히 알 것입니다.

법혜보살이 말하기를 불자여, 이 사람의 공덕을
보살의 처음 발심한 공덕에 비교한다면 백분에 일분
도 미치지 못하며

천분의 일분도 미치지 못하며

백천분의 일분도 미치지 못하며

내지 우바니사타분에 또한 일분도 미치지 못합
니다.

무슨 까닭인가.

불자여, 일체 모든 부처님이 처음 발심할 때에
다만 일체 낙구로써 시방의 열 아승지 세계에 있는
바 중생에게 공양하되 백세월과 내지 백천나유타억
세월을 지나서 공양하기 위한 까닭으로 보리심을
일으킨 것뿐만 아니며

다만 저곳에 중생을 가르쳐 하여금 오계와 십선업
도를 닦게 하며

가르쳐 사선과 사무량심과 사무색정에 머물게 하며

가르쳐 수다원과와 사다함과와 아나함과와 아라한과와 벽지불도를 얻게 하기 위한 까닭으로 보리심을 일으킨 것뿐만이 아니라

여래의 종성으로 하여금 끊어지지 않게 하기 위한 까닭이며

일체 세계에 충만하여 두루하게 하기 위한 까닭이며

일체 세계에 중생을 제도하여 해탈케 하기 위한 까닭이며

일체 세계에 이루어지고 무너지는 것을 다 알게 하기 위한 까닭이며

일체 세계 가운데 중생의 더럽고 깨끗함을 다 알게 하기 위한 까닭이며

일체 세계에 자성이 청정한 줄 다 알게 하기 위한

까닭이며

일체중생의 마음이 즐거운 것과 번뇌와 습기를 다 알게 하기 위한 까닭이며

일체중생이 이곳에서 죽어 저곳에서 태어나는 것을 다 알게 하기 위한 까닭이며

일체중생의 모든 근성과 방편을 다 알게 하기 위한 까닭이며

일체중생의 마음이 가는 곳을 다 알게 하기 위한 까닭이며

일체중생의 삼세에 지혜를 다 알게 하기 위한 까닭이며

일체 부처님의 경계가 평등함을 다 알게 하기 위한 까닭으로 더 이상 없는 보리의 마음을 일으킨 것입니다.

불자여, 다시 이 비유는 차치하고 가사 어떤 사람

이 한 생각에 능히 동방의 아승지 세계를 지나가되 생각생각에 이와 같이 하여 아승지세월이 다하도록 한다면 이 모든 세계를 능히 그 끝을 얻어 알 수 없으며

또 제 두 번째 사람이 한 생각에 능히 앞의 사람이 아승지세월에 지나간 바 세계를 지나가되 이와 같이 또한 아승지세월이 다하도록 하며

차례로 전전히 하여 이에 제 열 번째 사람에게 이르며

남방과 서방과 북방과 사유와 상방과 하방에서도 또한 다시 이와 같이 한다면 불자여, 이 시방 가운데 무릇 일백 사람이 낱낱이 이와 같이 모든 세계를 지나갈지라도 이 모든 세계는 가히 그 끝을 알 수 있거니와 보살이 처음 아뇩다라삼먁삼보리심을 일으켜 소유한 선근은 능히 그 끝을 얻어 알 사람이 없을 것입니다.

무슨 까닭인가.

불자여, 보살이 제한하여 다만 저곳 세계에만 가서 요달하여 앎을 얻기 위한 까닭으로 보리심을 일으킨 것이 아니라 시방세계를 요달하여 알기 위한 까닭으로 보리심을 일으킨 것이니,

말하자면 묘한 세계가 곧 추한 세계이고 추한 세계가 곧 묘한 세계이며

솟은 세계가 곧 엎어진 세계이고 엎어진 세계가 곧 솟은 세계이며

작은 세계가 곧 큰 세계이고 큰 세계가 곧 작은 세계이며

넓은 세계가 곧 좁은 세계이고 좁은 세계가 곧 넓은 세계이며

한 세계가 곧 불가설 세계이고 불가설 세계가 곧 한 세계이며

불가설 세계가 한 세계에 들어가고 한 세계가

불가설 세계에 들어가며

더러운 세계가 곧 청정한 세계이고 청정한 세계가 곧 더러운 세계인 줄 요달하여 알고자 하며

한 털끝 가운데 일체 세계의 차별한 체성과 일체 세계 가운데 한 털끝의 한 체성을 요달하여 알고자 하며

한 세계 가운데 일체 세계를 출생하는 것을 요달하여 알고자 하며

일체 세계가 체성이 없는 줄 요달하여 알고자 하며

한 생각 마음으로써 일체 광대한 세계를 다 요달하여 알되 장애가 없게 하고자 한 까닭으로 아뇩다라삼 먁삼보리심을 일으킨 때문입니다.

불자여, 다시 이 비유는 차치하고 가사 어떤 사람이 한 생각에 능히 동방의 아승지 세계에 이루어지고

무너지는 세월의 수를 알되 생각생각에 이와 같이 하여 아승지세월이 다하도록 한다면 이 모든 세월의 수를 능히 그 끝을 얻어 알 수 없으며

또 제 두 번째 사람이 한 생각에 능히 앞의 사람이 아승지세월에 안 바 세월의 수를 알며

이와 같이 폭넓게 설하여 이에 제 열 번째 사람에게 이르며

남방과 서방과 북방과 사유와 상방과 하방에서도 또한 다시 이와 같이 한다면 불자여, 이 시방의 아승지 세계에 이루어지고 무너지는 세월의 수는 가히 그 끝을 알 수 있거니와 보살이 처음 아뇩다라삼먁삼보리심을 일으킨 공덕과 선근은 능히 그 끝을 얻어 알 사람이 없을 것입니다.

무슨 까닭인가.

보살이 제한하여 다만 저곳 세계의 이루어지고 무너지는 세월의 수만을 알기 위한 까닭으로 아뇩다

라삼먁삼보리심을 일으킨 것이 아니라

일체 세계의 이루어지고 무너지는 세월(劫)을 다 알아 다 남김없이 하기 위한 까닭으로 아뇩다라삼먁삼보리심을 일으킨 것이니,

말하자면 긴 세월이 짧은 세월로 더불어 평등하고 짧은 세월이 긴 세월로 더불어 평등하며

한세월이 무수세월로 더불어 평등하고 무수세월이 한세월로 더불어 평등하며

부처님 있는 세월이 부처님 없는 세월로 더불어 평등하고 부처님 없는 세월이 부처님 있는 세월로 더불어 평등하며

한 부처님 세월 가운데 불가설 부처님 세월이 있고 불가설 부처님 세월 가운데 한 부처님 세월이 있으며

한량이 있는 세월이 한량이 없는 세월로 더불어 평등하고 한량이 없는 세월이 한량이 있는 세월로

더불어 평등하며

다함이 있는 세월이 다함이 없는 세월로 더불어 평등하고 다함이 없는 세월이 다함이 있는 세월로 더불어 평등하며

불가설 세월이 한 생각으로 더불어 평등하고 한 생각이 불가설 세월로 더불어 평등하며

일체세월이 세월이 아닌 것(非劫)에 들어가고 세월이 아닌 것이 일체세월에 들어감을 알고자 하며

한 생각 가운데 과거와 미래와 그리고 현재 일체 세계의 이루어지고 무너지는 세월을 다 알고자 한 까닭으로 아뇩다라삼먁삼보리심을 일으킨 때문이니,

이것이 이름이 처음 발심하여 큰 서원의 장엄으로 일체세월을 요달하여 아는 신통의 지혜입니다.

불자여, 다시 이 비유는 차치하고 가사 어떤 사람

이 한 생각에 능히 동방의 아승지 세계에 있는 바 중생의 가지가지 차별한 지혜를 알되 생각생각에 이와 같이 하여 아승지세월이 다하도록 하며

또 제 두 번째 사람이 한 생각 가운데 능히 앞의 사람이 아승지세월에 안 바 중생의 모든 지혜가 차별함을 알되 이와 같이 또한 아승지세월이 다하도록 하며

차례로 전전히 하여 이에 제 열 번째 사람에게 이르며

남방과 서방과 북방과 사유와 상방과 하방에서도 또한 다시 이와 같이 한다면 불자여, 이 시방에 중생의 가지가지 차별한 지혜는 가히 그 끝을 알 수 있거니와 보살이 처음 아뇩다라삼먁삼보리심을 일으킨 공덕과 선근은 능히 그 끝을 얻어 알 사람이 없을 것입니다.

무슨 까닭인가.

불자여, 보살이 제한하여 다만 저곳에 중생의 지해만을 알기 위한 까닭으로 아뇩다라삼먁삼보리심을 일으킨 것이 아니라

일체 세계에 있는 바 중생의 가지가지 차별한 지해(解)를 다 알기 위한 까닭으로 아뇩다라삼먁삼보리심을 일으킨 것이니,

말하자면 일체 차별한 지해가 끝이 없음을 알고자 한 까닭이며

한 중생의 지해와 무수한 중생의 지혜가 평등함을 알고자 한 까닭이며

가히 말할 수 없는 차별한 지해의 방편에 지혜의 광명을 얻고자 한 까닭이며

중생의 바다에 각각 차별한 지해를 다 알아서 다 남김없이 하고자 한 까닭이며

과거 현재 미래에 선과 불선의 가지가지 한량없는 지해를 다 알고자 한 까닭이며

서로 같은 지해와 서로 같지 아니한 지해를 다 알고자 한 까닭이며

일체 지해가 곧 한 지해이고 한 지해가 곧 일체 지해임을 다 알고자 한 까닭이며

여래 지해의 힘을 얻고자 한 까닭이며

더 이상이 있는 지해와 더 이상이 없는 지해와 남김이 있는 지해와 남김이 없는 지해와 평등한 지해와 평등하지 않는 지해가 차별함을 다 알고자 한 까닭이며

의지할 것이 있는 지해와 의지할 것이 없는 지해와 같은 지해와 같지 않는 지해와 끝이 있는 지해와 끝이 없는 지해와 차별이 있는 지해와 차별이 없는 지해와 좋은 지해와 좋지 않는 지해와 세간의 지해와 출세간의 지해가 차별함을 다 알고자 한 까닭이며

일체 묘한 지해와 큰 지해와 한량없는 지해와 바른 지위의 지해 가운데 여래 해탈의 걸림 없는

지혜를 얻고자 한 까닭이며

한량없는 방편으로써 시방의 일체중생 세계에 낱낱 중생의 깨끗한 지해와 더러운 지해와 넓은 지해와 간략한 지해와 세밀한 지해와 거친 지해를 다 알아 다 남김없이 하고자 한 까닭이며

깊고 비밀한 지해와 방편의 지해와 분별하는 지해와 자연의 지해와 원인을 따라 생기하는 바 지해와 조연을 따라 생기하는 바 지해를 다 알아서 일체 지해의 그물을 다 남김없이 하고자 한 까닭으로 아뇩다라삼먁삼보리심을 일으킨 때문입니다.

불자여, 다시 이 비유는 차치하고 가사 어떤 사람이 한 생각에 능히 동방의 무수한 세계에 일체중생의 모든 근성이 차별함을 알되 생각생각에 이와 같이 하여 아승지세월이 지나도록 하며

또 제 두 번째 사람이 한 생각에 능히 앞의 사람이

아승지세월에 생각생각에 안 바 모든 근성이 차별함을 알며

이와 같이 폭넓게 설하여 이에 제 열 번째 사람에게 이르며

남방과 서방과 북방과 사유와 상방과 하방에서도 또한 다시 이와 같이 한다면 불자여, 이 시방세계에 있는 바 중생의 모든 근성이 차별한 것은 가히 그 끝을 알 수 있거니와 보살이 처음 아뇩다라삼먁삼보리심을 일으킨 공덕과 선근은 능히 그 끝을 얻어 알 사람이 없을 것입니다.

무슨 까닭인가.

보살이 제한하여 다만 저곳 세계에 중생의 근성만을 알기 위한 까닭으로 아뇩다라삼먁삼보리심을 일으킨 것이 아니라

일체 세계 가운데 일체중생의 근성이 가지가지로 차별함을 다 알기 위하며

폭넓게 설한다면 내지 일체 모든 근성의 그물을 다 알고자 한 까닭으로 아뇩다라삼먁삼보리심을 일으킨 때문입니다.

불자여, 다시 이 비유는 차치하고 가사 어떤 사람이 한 생각에 능히 동방의 무수한 세계에 있는 바 중생의 가지가지 욕망과 즐거움을 알되 생각생각에 이와 같이 하여 아승지세월이 다하도록 하며

차례로 폭넓게 설하여 이에 제 열 번째 사람에게 이르며

남방과 서방과 북방과 사유와 상방과 하방에서도 또한 다시 이와 같이 한다면 이 시방에 중생의 있는 바 욕망과 즐거움은 가히 그 끝을 알 수 있거니와 보살이 처음 아뇩다라삼먁삼보리심을 일으킨 공덕과 선근은 능히 그 끝을 얻어 알 사람이 없을 것입니다.

무슨 까닭인가.

불자여, 보살이 제한하여 다만 저곳에 중생의 욕
망과 즐거움만을 알기 위한 까닭으로 아뇩다라삼먁
삼보리심을 일으킨 것이 아니라

일체 세계에 있는 바 중생의 가지가지 욕망과
즐거움을 다 알기 위하며

폭넓게 설한다면 내지 일체 욕망과 즐거움의 그물
을 다 알고자 한 까닭으로 아뇩다라삼먁삼보리심을
일으킨 때문입니다.

불자여, 다시 이 비유는 차치하고 가사 어떤 사람
이 한 생각에 능히 동방의 무수한 세계에 있는 바
중생의 가지가지 방편을 알며

이와 같이 폭넓게 설하여 이에 제 열 번째 사람에게
이르며

남방과 서방과 북방과 사유와 상방과 하방에서도

또한 다시 이와 같이 한다면 이 시방에 중생의 가지가 지 방편은 가히 그 끝을 알 수 있거니와 보살이 처음 아뇩다라삼먁삼보리심을 일으킨 공덕과 선근 은 능히 그 끝을 얻어 알 사람이 없을 것입니다.

무슨 까닭인가.

불자여, 보살이 제한하여 다만 저곳 세계에 중생 의 가지가지 방편만을 알기 위한 까닭으로 아뇩다라 삼먁삼보리심을 일으킨 것이 아니라

일체 세계에 있는 바 중생의 가지가지 방편을 다 알기 위하며

폭넓게 설한다면 내지 일체 방편의 그물을 다 알고자 한 까닭으로 아뇩다라삼먁삼보리심을 일으 킨 때문입니다.

불자여, 다시 이 비유는 차치하고 가사 어떤 사람 이 한 생각에 능히 동방의 무수한 세계에 있는 바

중생의 가지가지 차별한 마음을 알며

폭넓게 말한다면 내지 시방세계에 있는 바 중생의 가지가지 차별한 마음은 가히 그 끝을 알 수 있거니와 보살이 처음 아뇩다라삼먁삼보리심을 일으킨 공덕과 선근은 능히 그 끝을 얻어 알 사람이 없을 것입니다.

무슨 까닭인가.

불자여, 보살이 제한하여 다만 저곳에 중생의 마음만을 알기 위한 까닭으로 아뇩다라삼먁삼보리심을 일으킨 것이 아니라

모든 법계와 허공계에 끝없는 중생의 가지가지 마음을 다 알기 위하며

내지 일체 마음의 그물을 다 알고자 한 까닭으로 아뇩다라삼먁삼보리심을 일으킨 때문입니다.

불자여, 다시 이 비유는 차치하고 가사 어떤 사람

이 한 생각에 능히 동방의 무수한 세계에 있는 바
중생의 가지가지 차별한 업을 알며

폭넓게 설한다면 내지 이 시방에 중생의 가지가지
차별한 업은 가히 그 끝을 알 수 있거니와 보살이
처음 아뇩다라삼먁삼보리심을 일으킨 선근의 끝은
가히 얻어 알 사람이 없을 것입니다.

무슨 까닭인가.

불자여, 보살이 제한하여 다만 그곳에 중생의 업
만을 알기 위한 까닭으로 아뇩다라삼먁삼보리심을
일으킨 것이 아니라

삼세에 일체중생의 업을 다 알고자 하며

내지 일체 업의 그물을 다 알고자 한 까닭으로
아뇩다라삼먁삼보리심을 일으킨 때문입니다.

불자여, 다시 이 비유는 차치하고 가사 어떤 사람
이 한 생각에 능히 동방의 무수한 세계에 있는 바

중생의 가지가지 번뇌를 알되 생각생각에 이와 같이 하여 아승지세월이 다하도록 한다면 이 모든 번뇌의 가지가지 차별을 능히 그 끝을 얻어 알 수 없으며

또 제 두 번째 사람이 한 생각에 능히 앞의 사람이 아승지세월에 안 바 중생의 번뇌가 차별함을 알아 이와 같이 다시 아승지세월이 다하도록 하며

차례로 폭넓게 설하여 이에 제 열 번째 사람에게 이르며

남방과 서방과 북방과 사유와 상방과 하방에서도 또한 다시 이와 같이 한다면 불자여, 이 시방에 중생의 번뇌가 차별한 것은 가히 그 끝을 알 수 있거니와 보살이 처음 아뇩다라삼먁삼보리심을 일으킨 선근의 끝은 가히 얻어 알 사람이 없을 것입니다.

무슨 까닭인가.

불자여, 보살이 제한하여 다만 저곳 세계에 중생의 번뇌만을 알기 위한 까닭으로 아뇩다라삼먁삼보

리심을 일으킨 것이 아니라

일체 세계에 있는 바 중생의 번뇌가 차별함을 다 알기 위한 까닭으로 아뇩다라삼먁삼보리심을 일으킨 것이니,

말하자면 가벼운 번뇌와 무거운 번뇌와 잠자는 번뇌와 일어나는 번뇌와 낱낱 중생의 한량없는 번뇌가 가지가지로 차별함을 다 알아 가지가지 각관으로 일체 모든 잡염을 청정하게 다스리고자 한 까닭이며

무명을 의지한 번뇌와 애愛와 상응하는 번뇌를 다 알아 일체 모든 유취有趣에 번뇌의 결박을 끊고자 한 까닭이며

탐분의 번뇌와 진분의 번뇌와 치분의 번뇌와 등분의 번뇌를 다 알아 일체 번뇌의 근본을 끊고자 한 까닭이며

아我의 번뇌와 아소我所의 번뇌와 아만의 번뇌를 다 알아 일체 번뇌를 깨달아 남김없이 다하고자

한 까닭이며

　전도된 분별을 좇아 근본번뇌와 수번뇌가 생기하는 것과 신견을 인하여 육십이견이 생기하는 것을 다 알아 일체 번뇌를 조복하고자 한 까닭이며

　개蓋번뇌와 장障번뇌를 다 알아 대비로 구호하려는 마음을 일으켜 일체 번뇌의 그물을 끊고 일체 지혜의 자성으로 하여금 청정케 하고자 한 까닭으로 아뇩다라삼먁삼보리심을 일으킨 때문입니다.

초발심공덕품②

불자여, 다시 이 비유는 차치하고 가사 어떤 사람이 한 생각에 모든 가지가지 최상으로 맛 좋은 음식과 향과 꽃과 의복과 당기와 번과 일산과 그리고 사원과 최상으로 묘한 궁전과 보배 휘장과 그물 장막과 가지가지로 장엄한 사자의 자리와 그리고 수많은 묘한 보배로 동방의 수없는 모든 부처님과 그리고 수없는 세계에 있는 바 중생에게 공양하여 공경하고 존중하며 예배하고 찬탄하며 몸을 숙여 우러러 보기를 계속하여 끊어지지 않게 하여 수없는 세월을 지냈으며

또 저 중생에게 권하여 다 하여금 이와 같이 부처님께 공양케 하며

부처님이 멸도한 뒤에 이르러 각각 탑을 세우되 그 탑을 높고 넓게 하며

수없는 세계에 수많은 보배로 이루게 한 바이며

가지가지로 장엄하여 낱낱 탑 가운데 각각 수없는 여래의 형상을 두어 광명이 수없는 세계에 두루 비치어 수없는 세월을 지나게 하며

남방과 서방과 북방과 사유와 상방과 하방에서도 또한 다시 이와 같이 하였다면 불자여, 그대의 뜻은 어떠합니까.

이 사람의 공덕이 어찌 많지 않겠습니까.

제석천왕이 말하기를 이 사람의 공덕은 오직 부처님만이 이에 알 것이요 나머지 사람은 능히 측량할 수 없습니다.

불자여, 이 사람의 공덕을 보살의 처음 발심한 공덕에 비교한다면 백분의 일분도 미치지 못하며

천분의 일분도 미치지 못하며

백천분의 일분도 미치지 못하며

내지 우파니사타분에 또한 일분도 미치지 못합
니다.

불자여, 다시 이 비유는 차치하고 가사 다시 또
제 두 번째 사람이 한 생각 가운데 능히 앞에 사람과
그리고 수없는 세계에 있는 바 중생이 수없는 세월
가운데 공양한 일을 짓되 생각생각에 이와 같이
하여 한량없는 가지의 공양구로써 한량없는 모든
부처님 여래와 그리고 한량없는 세계에 있는 바
중생에게 공양하여 한량없는 세월을 지냈으며

그 제 세 번째 사람과 내지 제 열 번째 사람도
다 또한 이와 같이 하여 한 생각 가운데 능히 앞에
사람이 있는 바 세월에 공양한 일을 짓되 생각생각에
이와 같이 하여 끝도 없고 같을 수도 없으며

가히 수도 없고 가히 이름할 수도 없으며

가히 생각할 수도 없고 가히 헤아릴 수도 없으며

가히 말할 수도 없고 가히 말할 수도 없이 가히 말할 수도 없는 공양구로써 끝이 없이 하고 내지 가히 말할 수도 없고 가히 말할 수도 없는 모든 부처님과 그리고 그런 세계에 있는 바 중생에게 공양하여 끝이 없이 하고 내지 가히 말할 수도 없고 가히 말할 수도 없는 세월을 지냈으며

부처님이 멸도한 뒤에 이르러 각각 탑을 세우되 그 탑을 높고 넓게 하며

내지 수없는 세월에 머무는 것도 또한 다시 이와 같이 하였습니다.

불자여, 이 앞에 사람의 공덕을 보살의 처음 발심한 공덕에 비교한다면 백분의 일분도 미치지 못하며

천분의 일분도 미치지 못하며

백천분의 일분도 미치지 못하며

내지 우파니사타분에 또한 일분도 미치지 못합

니다.

무슨 까닭인가.

불자여, 보살마하살이 제한하여 다만 그곳에 부처님께만 공양하기 위한 까닭으로 아뇩다라삼먁삼보리심을 일으킨 것이 아니라 온 법계와 허공계에 가히 말할 수도 없고 가히 말할 수도 없는 시방의 한량없는 과거·미래·현재에 있는 바 모든 부처님께 공양하기 위한 까닭으로 아뇩다라삼먁삼보리심을 일으킨 때문입니다.

이 마음을 일으킨 이후에 능히 전제에 일체 모든 부처님이 처음 정각을 이루신 것과 그리고 열반에 드신 것을 알며

능히 후제에 일체 모든 부처님이 소유하신 선근을 믿으며

능히 현재에 일체 모든 부처님이 소유하신 지혜를 알아 저 모든 부처님이 소유한 공덕을 이 보살이

능히 믿으며

능히 받으며

능히 닦으며

능히 얻으며

능히 알며

능히 증득하며

능히 성취하나니,

능히 모든 부처님으로 더불어 평등한 한 성품입니다.

무슨 까닭인가.

이 보살이 일체 여래의 종성이 끊어지지 않게 하기 위한 까닭으로 발심하며

일체 세계에 충만하고 두루하기 위한 까닭으로 발심하며

일체 세계에 중생을 제도하여 해탈케 하기 위한 까닭으로 발심하며

일체 세계에 이루어지고 무너지는 것을 다 알기 위한 까닭으로 발심하며

일체중생의 더럽고 깨끗한 것을 다 알기 위한 까닭으로 발심하며

일체 세계에 삼유가 청정함을 다 알기 위한 까닭으로 발심하며

일체중생의 심락心樂과 번뇌와 습기를 다 알기 위한 까닭으로 발심하며

일체중생이 이곳에서 죽어 저곳에서 태어나는 것을 다 알기 위한 까닭으로 발심하며

일체중생의 모든 근성과 방편을 다 알기 위한 까닭으로 발심하며

일체중생의 심행을 다 알기 위한 까닭으로 발심하며

일체중생의 삼세에 지혜를 다 알기 위한 까닭으로 발심한 때문입니다.

발심한 까닭으로 항상 삼세에 일체 모든 부처님의 기억하여 생각하는 바가 되며

마땅히 삼세에 일체 모든 부처님의 더 이상 없는 보리를 얻으며

곧 삼세에 일체 모든 부처님이 그 묘법을 주는 바가 되며

곧 삼세에 일체 모든 부처님으로 더불어 체성이 평등하며

이미 삼세에 일체 모든 부처님의 도를 돕는 법을 닦으며

삼세에 일체 모든 부처님의 십력과 사무소외를 성취하며

삼세에 일체 모든 부처님의 불공不共의 불법을 장엄하며

법계에 일체 모든 부처님의 설법하는 지혜를 다 얻을 것입니다.

무슨 까닭인가.

이 발심으로써 마땅히 부처를 얻는 까닭입니다.

응당 알아야 합니다.

이 사람은 곧 삼세에 모든 부처님으로 더불어 평등하며

곧 삼세에 모든 부처님 여래의 경계로 더불어 평등하며

곧 삼세에 모든 부처님 여래의 공덕으로 더불어 평등하며

여래의 한 몸과 한량없는 몸이 구경에 평등하고 진실한 지혜를 얻을 것입니다.

겨우 발심할 때에 곧 시방에 일체 모든 부처님이 함께 칭찬하는 바가 되며

곧 능히 법을 설하여 일체 세계에 있는 바 중생을 교화하여 조복하며

곧 능히 일체 세계를 진동하며

곧 능히 일체 세계를 광명으로 비추며

곧 능히 일체 세계에 모든 악도의 고통을 소멸하며

곧 능히 일체 국토를 장엄하여 청정케 하며

곧 능히 일체 세계 가운데 성불함을 시현하며

곧 능히 일체중생으로 하여금 다 환희를 얻게 하며

곧 능히 일체 법계의 자성에 들어가며

곧 능히 일체 부처님의 종성을 가지며

곧 능히 일체 부처님의 지혜광명을 얻을 것입니다.

이 처음 발심한 보살이 삼세에 조금도 얻은 바가 있지 않나니

말하자면 혹 모든 부처님과 혹 모든 부처님의 법과

혹 보살과 혹 보살의 법과

혹 독각과 혹 독각의 법과

혹 성문과 혹 성문의 법과

혹 세간과 혹 세간의 법과

혹 출세간과 혹 출세간의 법과

혹 중생과 혹 중생의 법에 오직 일체 지혜만을 구하되 모든 법계에 마음이 집착하는 바가 없습니다.

그때에 부처님의 위신력인 까닭으로 시방에 각각 일만 부처님의 세계에 작은 티끌 수만치 많은 세계가 여섯 가지로 진동하였으니,

말하자면 움직이는 것과 두루 움직이는 것과 다 같이 두루 움직이는 것이며

일어나는 것과 두루 일어나는 것과 다 같이 두루 일어나는 것이며

솟는 것과 두루 솟는 것과 다 같이 두루 솟는 것이며

진동하는 것과 두루 진동하는 것과 다 같이 두루 진동하는 것이며

으르렁거리는 것과 두루 으르렁거리는 것과 다 같이 두루 으르렁거리는 것이며

치는 것과 두루치는 것과 다 같이 두루 치는 것이었습니다.

그리고 수많은 하늘의 꽃과 하늘의 향과 하늘의 가루 향과 하늘의 꽃다발과 하늘의 옷과 하늘의 보배와 하늘의 장엄구를 비 내리며

하늘의 기악을 지으며

하늘의 광명을 놓으며

그리고 하늘의 음성을 내었습니다.

이때에 시방에 각각 열 부처님 세계에 작은 티끌 수만치 많은 세계 밖을 지나 일만 부처님 세계에 작은 티끌 수만치 많은 부처님이 있으니 다 이름이

법혜입니다.

각각 그 몸을 나타내어 법혜보살 앞에 있으면서 이와 같은 말을 지어 말하기를 착하고 착합니다. 법혜여, 그대가 지금에 능히 이 법을 말하니 우리 등의 시방에 각각 일만 부처님 세계에 작은 티끌 수만치 많은 부처님도 또한 이 법을 설하며

일체 모든 부처님도 다 이와 같이 설합니다.

그대가 이 법을 설할 때에 일만 부처님 세계에 작은 티끌 수만치 많은 보살이 있어서 보리심을 일으키니,

우리 등이 지금에 그들에게 수기를 다 주되 오는 세상에 일천 불가설 무변세월을 지나 똑같은 세월 가운데 부처가 됨을 얻어 세상에 출흥하되 다 이름을 청정심여래라 할 것이요

머무는 바 세계는 각각 차별할 것이며

우리 등이 다 마땅히 이 법을 호지하여 미래 세상에

일체 보살의 일찍이 듣지 못한 이로 하여금 다 얻어
듣게 할 것입니다.

　이 사바세계 사천하의 수미산 정상에서 이와 같은
법을 설하여 모든 중생으로 하여금 들은 이후에
교화를 받게 하는 것과 같아서 이와 같이 시방의
백천억 나유타 세계와 수도 없고 분량도 없는 세계와
끝도 없고 같을 수도 없는 세계와 가히 헤아릴 수도
없고 가히 이름할 수도 없는 세계와 가히 사의할
수도 없고 가히 요량할 수도 없는 세계와 가히 말할
수도 없는 온 법계와 허공계와 모든 세계 가운데서도
또한 이 법을 설하여 중생을 교화하나니
　그 법을 설하는 사람은 다 이름이 법혜입니다.
　다 부처님의 위신력인 까닭이며
　세존의 본래 서원의 힘인 까닭이며
　불법을 현시하고자 하기 위한 까닭이며

지혜의 광명으로써 널리 비추기 위한 까닭이며

진실한 뜻을 열어 보이고자 하기 위한 까닭이며

하여금 법성을 증득케 하기 위한 까닭이며

모인 대중으로 하여금 다 환희케 하기 위한 까닭이며

불법의 인연을 개시하고자 하기 위한 까닭이며

일체 부처님이 평등함을 얻게 하기 위한 까닭이며

법계가 둘이 없음을 요달케 하기 위한 까닭으로 이와 같은 법을 설합니다.

그때에 법혜보살이 널리 온 허공계의 시방 국토에 일체 대중이 모인 것을 관찰하고 모든 중생을 다 성취하고자 하는 까닭이며

모든 업의 과보를 다 깨끗하게 다스리고자 하는 까닭이며

청정한 법계를 다 열어서 나타내고자 하는 까닭

이며

뒤섞이어 오염된 근본을 다 뽑아 제거하고자 하는
까닭이며

광대한 믿음과 지혜를 다 증장하고자 하는 까닭
이며

한량없는 중생의 근성을 다 하여금 알게 하고자
하는 까닭이며

삼세의 법이 평등함을 다 하여금 알게 하고자
하는 까닭이며

열반의 세계를 다 하여금 관찰하게 하고자 하는
까닭이며

자기의 청정한 선근을 증장하고자 하는 까닭으로
부처님의 위신력을 받아 곧 게송을 설하여 말하기를

세간을 이익케 하기 위하여 광대한 마음을 일으키
나니

그 마음이 널리 시방에

중생의 국토와 삼세의 법과

부처님과 그리고 보살의 가장 수승한 바다에 두루합

니다.

구경에 허공인 평등한 법계에

있는 바 일체 모든 세간에

모든 부처님의 법과 같이 나아가

이와 같이 발심하여 물러나지 않습니다.

자비로 중생을 생각하되 잠시도 버리지 않고

모든 번뇌의 해로움을 떠나 널리 요익케 하며

광명으로 세상을 비추어 귀의할 바를 삼나니

십력으로 보호하고 염려하는 것을 사의하기 어렵습

니다.

시방의 국토에 다 취입하여

일체 형색을 다 시현하되

부처님의 복과 지혜와 같이 널리 끝없이 하여

수행한 인연을 수순하여 집착하는 바가 없습니다.

어떤 세계는 높이 솟아 머물고 혹은 옆으로 누워

있으며

거친 세계, 묘한 세계, 넓은 세계, 큰 세계가 한량없는

종류가 있거늘

보살이 한 번 최상의 마음을 일으켜

다 능히 그곳에 나아가기를 걸림 없이 합니다.

보살의 수승한 행 가히 말할 수 없는 것을

다 부지런히 닦아 익히지만 머무는 바가 없으며

일체 부처님을 친견하고 항상 즐거워하여

널리 그 깊고도 깊은 진리의 바다에 들어갑니다.

오취의 모든 중생을 어여삐 여겨

하여금 더러운 때를 제거하여 널리 청정케 하며

부처님의 종성을 이어 융성하게 하여 끊어지지 않게

하고

마군의 궁전을 꺾어 제멸하여 남음이 없게 합니다.

이미 여래의 평등한 자성에 머물러

미묘한 방편도를 잘 수행하며

부처님의 경계에 신심을 일으켜

부처님께 관정하심을 얻되 마음에 집착이 없습니다.

양족존의 처소에 보은을 생각하되

마음이 금강과 같아 가히 무너뜨릴 수 없으며

부처님이 행할 바를 능히 비추어 알아

자연히 보리의 행을 닦아 익힙니다.

제취가 차별하여 생각이 한량없으며
업과 과보와 그리고 마음도 또한 하나가 아니며
내지 근성도 가지가지로 다르거늘
한 번 광대한 마음을 일으켜 다 분명하게 봅니다.

그 마음이 광대하여 법계와 같으며
의지함도 없고 변함도 없어 허공과 같으며
부처님의 지혜에 나아가지만 취착하는 바가 없으며
진실한 경계를 자세히 알지만 분별을 떠났습니다.

중생의 마음을 알지만 중생에 대한 생각이 없으며
모든 법을 요달하지만 법에 대한 생각이 없으며
비록 널리 분별하지만 분별한 적이 없어서
억 나유타 세계에 다 나아갑니다.

한량없는 모든 부처님의 묘한 법장에

수순하고 관찰하여 다 능히 들어가며
중생의 근성과 행위를 알지 못함이 없나니
이와 같은 곳에 이르면 세존과 같습니다.

청정한 큰 서원으로 항상 상응하여
즐겁게 여래에게 공양하되 물러남이 없이 하니
인간과 천상에서 보는 사람이 싫어하거나 만족함이
없으며
항상 모든 부처님께 호념하는 바가 됩니다.

그 마음이 청정하여 의지하는 바가 없어서
비록 깊은 법을 보지만 취착하지 아니하며
이와 같이 한량없는 세월을 사유하지만
삼세 가운데 집착하는 바가 없습니다.

그 마음이 견고하여 제어하여 그치기 어렵기에

부처님의 보리에 나아가도 걸림이 없으며

마음에 묘한 도를 구하여 어두운 미혹을 제멸하였기에

법계에 두루 다녀도 피로하다 말하지 않습니다.

언어의 법이 다 적멸한 줄 알고

다만 진여에 들어가 다른 지해를 끊었으며

모든 부처님의 경계를 다 따라 관찰하고

삼세를 통달하여 마음이 걸림이 없습니다.

보살이 처음 광대한 마음을 일으켜

곧 능히 시방세계에 두루 가며

법문이 한량이 없어 가히 설할 수 없거늘

지혜의 광명으로 널리 비추어 다 분명하게 압니다.

대비로 널리 제도하심이 최고로 비교할 데가 없고

자비한 마음으로 널리 두루하심이 허공과 같지만
중생에게는 분별이 없어
이와 같이 청정하게 세간에 노닙니다.

시방에 중생을 다 편안하게 하고
일체하는 바를 다 진실하게 하며
항상 청정한 마음으로써 말과 다르지 않게 하나니
항상 모든 부처님이 함께 가호하는 바가 됩니다.

과거에 소유한 것을 다 기억하여 생각하고
미래에 일체를 다 분별하여
시방세계 그 가운데 널리 들어가는 것은
중생을 제도하여 하여금 벗어나게 하기 위한 것입
니다.

보살이 묘한 지혜 광명을 구족하고

인연을 잘 알아 의심이 없으며
일체 미혹을 다 제거하여 끊고
이와 같이 법계에 노닙니다.

마왕의 궁전을 다 꺾어 무너뜨리고
중생의 눈병을 다 제거하여 없애며
모든 분별을 떠나 마음이 움직이지 아니하여
여래의 경계를 잘 압니다.

삼세에 의심의 그물을 다 이미 제거하고
여래의 처소에 청정한 믿음을 일으켜
믿음으로써 동요하지 않는 지혜를 얻어 이루나니
지혜가 청정한 까닭으로 지해(解)가 진실합니다.

중생으로 하여금 벗어남을 얻어
후제가 다하도록 널리 요익케 하되

장시간 애써 고생하여도 마음에 싫어함이 없으며
내지 지옥이라도 또한 편안히 받아들입니다.

복덕과 지혜가 한량이 없음을 다 구족하고
중생의 근성과 욕망을 다 요달하여 알며
그리고 모든 업행을 보지 아니함이 없어서
그들이 좋아하는 바와 같이 법을 설합니다.

일체법이 공하여 아我가 없는 줄 요달하여 알고
자비로 중생을 생각하여 항상 버리지 않기에
한 가지 대비의 미묘한 음성으로써
널리 세간에 들어가 연설합니다.

큰 광명 속에 가지가지 빛깔을 놓아
널리 중생에게 비추어 칠흑의 어둠을 제거하니
광명 가운데 보살이 연꽃에 앉아

중생을 위하여 청정한 법을 밝힙니다.

한 털끝에 수많은 세계를 나타내니

모든 큰 보살이 다 충만하며

모인 중생의 지혜가 각각 같지 않지만

다 능히 그 중생의 마음을 분명하게 압니다.

시방세계를 가히 말할 수 없지만

한 생각에 두루 다녀 다하지 아니함이 없으며

중생을 이익케 하고 부처님께 공양하여

모든 부처님의 처소에서 깊은 뜻을 묻습니다.

모든 여래에게 아버지라는 생각을 지어

중생을 이익케 하기 위하여 깨달음의 행을 닦으며

지혜의 선교로 법장을 통달하여

깊은 지혜의 처소에 들어가지만 집착하는 바가 없습

니다.

수순하고 사유하여 법계를 설하지만
한량없는 세월이 지나도록 가히 다 설할 수 없으며
지혜로 비록 처소가 없는 곳에까지 잘 들어가지만
피곤하거나 싫어함이 없고 집착하는 바도 없습니다.

삼세의 모든 부처님 집 가운데 태어나
여래의 미묘한 법신을 증득하며
널리 중생을 위하여 수많은 색상을 나타내는 것이
비유하자면 환술사가 무엇이든 짓지 않는 것이 없는
것과 같습니다.

혹은 비로소 수승한 행을 닦는 것을 나타내고
혹은 처음 탄생하고 그리고 출가하는 것을 나타내며
혹은 나무 아래서 깨달음을 이루는 것을 나타내고

혹은 중생을 위하여 열반을 시현합니다.

보살이 머무는 바 희유한 법은
오직 부처님의 경계일 뿐 이승의 경계가 아니며
몸과 말과 뜻에 대한 생각을 다 이미 제거하여
가지가지로 마땅함을 따라 다 능히 나타냅니다.

보살이 얻은 바 모든 불법은
중생이 사유하면 광란을 일으킬 것이며
지혜로 진실한 경계에 들어가 마음이 걸림이 없어서
널리 여래의 자제한 힘을 나타냅니다.

이것도 세간에 더불어 같을 이가 없거든
어찌 하물며 다시 수승한 행을 더함이겠습니까.
비록 일체 지혜를 다 구족하지는 못하였지만
이미 여래의 자재한 힘을 얻었으며

이미 구경인 일승의 도에 머물러
미묘한 최상의 법에 깊이 들어갔습니다.

중생의 때와 때가 아님을 잘 알아
이익케 하기 위한 까닭으로 신통을 나타내며
분신이 일체 세계에 두루 가득하여
청정한 광명을 놓아 세간의 어둠을 제거합니다.

비유하자면 용왕이 큰 구름을 일으켜
널리 묘한 비를 내려 다 충족하고 흡족하게 함과
같아서
중생이 환상과 같고 꿈과 같지만
업력을 쓰는 까닭으로 항상 유전함을 관찰합니다.

대비로 어여삐 여겨 다 구원하여 뽑아주려고
무위의 청정한 법성을 설하나니

부처님의 힘도 한량이 없고 이 보살도 또한 그러한
것이
비유하자면 허공이 끝이 없는 것과 같습니다.

중생으로 하여금 해탈을 얻게 하기 위하여
억세월에 부지런히 수행하되 게으르지 않으며
가지가지로 묘한 공덕을 사유하여
더 이상 없는 제일의 업을 잘 수행합니다.

모든 수승한 행을 항상 버리지 않고
오로지 한 생각으로 일체 지혜를 생성합니다.

한 몸에 한량없는 몸을 시현하여
일체 세계에 다 두루하지만
그 마음은 청정하여 분별이 없나니
한 생각에 사의할 수 없는 힘도 이와 같습니다.

모든 세간에 분별이 없고
일체법에 망상이 없어서
비록 모든 법을 관찰하지만 취착한 바가 없고
항상 중생을 구원하지만 제도한 바가 없습니다.

일체 세간이 오직 망상뿐이고
그 가운데 가지가지로 각각 차별하나니
망상의 경계가 험하고 또한 깊은 줄 알아
신통을 나타내어 구원하여 해탈케 합니다.

비유하자면 환술사의 자재한 힘과 같아서
보살의 신통 변화도 또한 이와 같나니
몸이 법계와 그리고 허공계에 두루하여
중생의 마음을 따라 보지 아니함이 없습니다.

능소의 분별 두 가지를 함께 떠나고

뒤섞이어 더러운 것과 청정한 것을 취하는 바가 없
으며
혹 속박과 혹 해탈의 지혜를 다 잊고
다만 널리 중생에게 즐거움만 주기를 소원할 뿐입
니다.

일체 세간이 오직 망상의 힘뿐이나
지혜로써 들어가 마음에 두려움이 없으며
모든 법을 사유함도 또한 그러하여
삼세에 추구하여도 가히 얻을 수 없습니다.

능히 과거에 들어가 전제를 다하고
능히 미래에 들어가 후제를 다하며
능히 현재 일체 처소에 들어가
항상 부지런히 관찰하지만 있는 바가 없습니다.

열반의 적멸한 법을 수순하여

다툼이 없고 의지할 바가 없는 곳에 머물며

마음이 진실한 경계와 같아 더불어 같을 이 없고

오로지 보리를 향하여 영원히 물러나지 않습니다.

모든 수승한 행을 닦되 물러나 겁내지 않고

보리에 안주하여 동요하지 아니하며

부처님과 그리고 보살과 더불어 세간과

모든 법계를 다 분명하게 압니다.

가장 수승한 제일의 도를 얻어

일체 지혜의 해탈왕이 되고자 한다면

응당 속히 보리심을 일으켜

영원히 모든 번뇌를 다하여 중생을 이익케 할 것입

니다.

보리에 취향하여 마음이 청정하고

공덕이 광대하여 가히 설할 수 없는 것을

중생을 이익케 하기 위한 까닭으로 일컬어 진술하

나니

그대 등 모든 어진 사람들은 응당 잘 들을 것입니다.

한량없는 세계를 다 티끌로 만드니

낱낱 티끌 가운데 한량없는 세계가 있고

그 가운데 모든 부처님이 다 한량이 없는 것을

다 능히 분명하게 보지만 취착하는 바가 없습니다.

중생을 잘 알지만 중생에 대한 생각이 없고

언어를 잘 알지만 언어에 대한 생각이 없으며

모든 세계에 마음이 걸림이 없어

다 알지만 집착하는 바가 없습니다.

그 마음 광대한 것이 허공과 같아

삼세에 일을 다 분명하게 요달하고

일체 의혹을 다 제멸하여

바로 불법을 관찰하지만 취착하는 바가 없습니다.

시방의 한량없는 모든 국토에

한 생각에 나아가지만 마음에 집착이 없으며

세간에 수많은 괴로움의 법을 요달하여

다 남이 없는 진실한 경계에 머뭅니다.

한량없고 사의하기 어려운 모든 부처님의 처소

다 저곳 회상에 가서 배알하고

항상 상수가 되어 여래에게

보살이 닦을 바 모든 행원을 묻습니다.

마음에 항상 시방의 부처님을 기억하여 생각하지만

의지하는 바가 없고 취착하는 바가 없습니다.

항상 중생에게 선근을 심게 권하고
국토를 장엄하여 하여금 청정케 하며
일체 육취에 태어나는 것과 삼유의 처소를
걸림 없는 눈으로써 다 관찰합니다.

소유한 습성과 모든 근기와 지해의
한량도 없고 끝도 없는 것을 다 분명하게 보며
중생이 마음에 좋아하는 것을 다 알아
이와 같이 마땅함을 따라 법을 설합니다.

모든 더럽고 깨끗한 것을 다 통달하여
저로 하여금 닦아 다스려 도에 들어가게 하며
한량도 없고 수도 없는 모든 삼매에
보살이 한 생각에 다 능히 들어갑니다.

그 가운데 생각과 지혜와 그리고 반연하는 바를
다 잘 알아 자재함을 얻습니다.

보살이 이 광대한 지혜를 얻어
빨리 보리에 나아가지만 걸리는 바가 없으며
모든 중생을 이익케 하고자 하기 위하여
곳곳에 대인大人의 법을 선양합니다.

세간의 긴 세월과 짧은 세월과
한 달과 반 달과 그리고 낮과 밤과
국토가 각각 다르지만 성품이 평등한 줄 잘 알아
항상 부지런히 관찰하되 방일하지 말 것입니다.

시방의 모든 세계에 널리 나아가지만
방소에 취착하는 바가 없으며
국토를 다 남김없이 장엄하여 청정케 하지만

또한 일찍이 장엄하여 청정케 한다는 분별을 내지
않습니다.

중생의 옳은 곳과 혹 옳지 못한 곳과
그리고 모든 업과 과보를 받는 것이 다르지만
수순하고 사유하여 부처님의 힘에 들어가
이 일체를 다 요달하여 압니다.

일체 세간의 가지가지 성품과
가지가지 소행으로 삼유에 머무는 것과
영리한 근기와 그리고 중근기와 하근기인
이와 같은 일체를 다 관찰합니다.

깨끗함과 더불어 깨끗하지 못한 가지가지 지해와
수승함과 하열함과 그리고 그 중간을 다 분명하게
보며

일체중생이 이르러 가는 곳과
삼유가 상속하는 것을 다 능히 설합니다.

선정과 해탈과 모든 삼매와
더럽고 깨끗한 것이 인연하여 일어나는 것이 각각
같지 않는 것과
그리고 선세에 괴로움과 즐거움이 다른 것을
부처님의 힘을 청정하게 닦아 다 능히 봅니다.

중생이 업혹으로 육취에 상속하는 것과
이 육취를 끊고 적멸을 얻는 것과
가지가지 유루의 법이 영원히 생겨나지 않는 것과
아울러 그 습기와 종자를 다 요달하여 압니다.

여래는 번뇌를 다 제멸하여 다하사
큰 지혜의 광명으로 세간을 비추거니와

보살은 부처님의 십력 가운데

비록 증득하지 못한 것이 있지만 또한 의심은 없습

니다.

보살이 한 털구멍 가운데

널리 시방의 한량없는 세계를 나타내되

혹 뒤섞이어 더러운 세계도 있고 혹 청정한 세계도

있는

가지가지 업으로 지은 세계를 다 능히 압니다.

하나의 작은 티끌 가운데 한량없는 세계에

한량없는 모든 부처님과 그리고 부처님의 제자와

모든 세계가 각각 다르지만 뒤섞이어 혼란이 없는

것을

하나와 같이 일체를 다 분명하게 봅니다.

한 털구멍 가운데 시방의
모든 허공계와 모든 세간에
한 곳도 비어 부처님이 없는 곳이 없으며
이와 같은 부처님의 세계가 다 청정함을 봅니다.

한 털구멍 가운데 부처님의 세계를 보며
다시 일체 모든 중생과
삼세에 육취가 각각 같지 않는 것과
낮과 밤과 달과 때에 속박되고 해방됨이 있음을 봅
니다.

이와 같은 큰 지혜의 모든 보살이
오로지 한마음으로 법왕의 지위에 취향하여
부처님이 머무는 곳에 수순하고 사유하여
끝없는 큰 환희를 얻습니다.

보살이 몸을 한량없는 억 개로 나누어
일체 모든 여래에게 공양하며
신통으로 변하여 나타내는 것이 수승하여 비교할
데가 없어
부처님이 행하신 바 처소에 다 능히 머뭅니다.

한량없는 부처님의 처소를 다 깊이 숭앙하며
소유하신 법장을 다 즐겨 맛보며
부처님을 보고 법문을 듣고 부지런히 수행하는 것을
감로수를 마시는 것과 같이 하여 마음이 환희합니다.

이미 여래의 수승한 삼매를 얻어서
모든 법에 잘 들어가 지혜를 증장하며
신심이 움직이지 않는 것이 수미산과 같아서
중생의 공덕 창고를 잘도 만듭니다.

자비의 마음이 광대하여 중생에게 두루하여

모두 다 빨리 일체 지혜를 성취하기를 서원하며

항상 집착하는 곳도 없고 의지하는 곳도 없어서

모든 번뇌를 떠나 자재함을 얻습니다.

중생을 어여삐 여기는 광대한 지혜로

널리 일체중생을 섭수하여 자기와 같이하며

공하고 모습이 없고 진실이 없는 줄 알아

그 마음을 행하여 해퇴하지 않습니다.

보살이 발심한 공덕의 분량은

억세월에 칭양하여도 가히 다할 수 없나니

일체 모든 여래와

독각과 성문의 안락을 출생하는 까닭입니다.

시방의 국토에 모든 중생에게

다 안락을 시여하되 한량이 없는 세월토록 하고
오계와 그리고 십선과
사선과 사무색 등 모든 선정과 그 처소를 권하여
가지게 합니다.

다시 수많은 세월에 안락을 시여하고
하여금 모든 번뇌를 끊어 아라한을 이루게 한다면
저 모든 복덩어리가 비록 한량이 없겠지만
초발심 공덕으로 더불어는 비교될 수가 없습니다.

또 억만 중생으로 하여금 연각을 이루어
무쟁행無諍行의 미묘한 도를 얻게 할지라도
저것으로 보리심에 비교한다면
산수나 비유로도 능히 미칠 수 없습니다.

한 생각에 능히 미진수 세계를 지나

이와 같이 한량없는 세월을 지날지라도

이 모든 세계의 수는 오히려 가히 헤아려 알 수 있거
니와

발심한 공덕은 가히 알 수가 없습니다.

과거와 미래와 그리고 현재에

있는 바 세월의 수가 끝도 한량도 없지만

이 모든 세월의 수는 오히려 가히 알 수 있거니와

발심한 공덕은 능히 측량하기 어렵습니다.

보리심이 시방에 두루하여

있는 바 분별을 알지 못함이 없지만

한 생각에 삼세를 다 분명히 요달하여

한량없는 중생을 이익케 하는 까닭입니다.

시방세계에 모든 중생의

욕망과 지해와 방편과 뜻이 가는 바와
그리고 허공의 경계는 가히 측량할 수 있거니와
발심한 공덕은 알기도 헤아리기도 어렵습니다.

보살의 뜻과 서원이 시방세계와 같고
자비의 마음이 모든 중생에게 널리 흡족케 하여
다 하여금 부처님의 공덕을 닦아 이루게 하였기에
이런 까닭으로 그 힘이 끝이 없습니다.

중생의 욕망과 지해와 마음에 좋아하는 바와
모든 근성과 방편과 행이 각각 다른 것을
한 생각 가운데 다 알아
일체 지혜의 지혜로 마음이 동등합니다.

일체중생이 모든 업혹으로
삼유에 상속하는 것이 잠깐도 끊어짐이 없지만

이것의 모든 끝은 오히려 가히 알 수 있거니와
발심한 공덕은 사의하기 어렵습니다.

발심하여 능히 업과 번뇌를 여의고
일체 모든 여래에게 공양하며
업혹을 이미 떠나 상속이 끊어진다면
널리 삼세에서 해탈을 얻을 것입니다.

한 생각에 끝없는 부처님에게 공양하고
또한 수없는 모든 중생에게 공양하되
다 향과 꽃과 그리고 묘한 꽃다발과
보배 당기와 번과 일산과 최상의 의복과

좋은 음식과 보배 자리와 길을 가는 곳과
가지가지 궁전이 다 장엄되어 좋은 것과
비로자나의 묘한 보배 진주와

여의 마니주에서 나오는 빛나는 광명으로 합니다.

생각생각에 이와 같이 가져 공양하여
한량없는 세월에 불가설 세월까지 지난다면
그 사람의 복덩어리가 비록 다시 많겠지만
발심한 공덕이 광대함에는 미치지 못합니다.

말한 바 가지가지 수많은 비유가
능히 보리심에는 미칠 수 없습니다.

모든 삼세의 인간 가운데 가장 높은 이가
다 발심으로 좇아 탄생함을 얻으셨나니
발심은 걸림도 없고 제한도 없어
그 분량을 구하고자 하지만 가히 얻을 수 없습니다.

일체 지혜의 지혜를 서원코 반드시 이루고

있는 바 중생을 다 영원히 제도하리니
발심은 광대하기가 허공과 같고
모든 공덕을 출생하는 것이 법계와 같습니다.

행하는 바가 널리 두루하여 여래와 다름이 없고
수많은 집착을 영원히 떠나 부처님과 평등하며
일체 법문에 들어가지 아니함이 없고
일체 국토에도 다 능히 나아갑니다.

일체 지혜의 경계를 다 통달하고
일체 공덕을 다 성취하며
일체 능히 버리기를 항상 상속하여 하고
모든 계품 청정하게 하기를 집착하는 바 없이 합니다.

더 이상 없는 큰 복덕을 구족하고
항상 부지런히 정진하여 물러남이 없으며

깊은 선정에 들어가 항상 사유하고
광대한 지혜로 함께 상응합니다.

이것이 보살의 가장 수승한 지위에서
일체 보현의 도를 출생하는 것이니
삼세의 일체 모든 여래가
처음 발심한 사람을 보호하고 염려하지 아니함이
없습니다.

다 삼매와 다라니와
신통과 변화로써 함께 장엄하니
시방의 중생이 한량이 없으며
세계와 허공계도 또한 이와 같습니다.

발심은 한량이 없어서 저 세계 허공계를 지나기에
이런 까닭으로 능히 일체 부처님을 출생합니다.

보리심은 십력의 근본이 되고
또한 사변재와 사무소외의 근본이 되며
십팔불공법도 또한 다시 그러하여
다 발심을 좇아 얻지 아니함이 없습니다.

모든 부처님의 색상으로 장엄한 몸과
그리고 평등하고 묘한 법신과
지혜로 집착이 없는 응당 공양할 바 몸이
다 발심으로써 있음을 얻습니다.

일체 독각승과 성문승과
색계 사선四禪의 삼매락과
그리고 무색계 사선의 삼매가
다 발심으로써 그 근본을 삼습니다.

일체 인간과 천상의 자재한 즐거움과

그리고 육취의 가지가지 즐거움과
정진과 선정과 오근과 오력 등 수많은 즐거움이
다 처음 발심을 인유하지 아니함이 없습니다.

광대한 마음을 일으킴을 인유하여
곧 능히 여섯 가지 바라밀을 닦고
모든 중생에게 바른 행을 행하기를 권하여
삼계 가운데 안락을 받게 합니다.

부처님의 걸림 없는 진실한 의지義智에 머물러
소유한 묘한 업을 다 열어
능히 한량없는 중생으로 하여금
다 혹업을 끊고 열반으로 향하게 합니다.

지혜의 광명은 맑은 태양과 같고
수많은 행을 구족한 것은 보름달과 같으며

공덕이 항상 차 있는 것은 큰 바다와 같고
때도 없고 걸림도 없는 것은 허공과 같습니다.

널리 끝없는 공덕의 서원을 일으켜
일체중생에게 즐거움을 다 주며
미래 세상이 다하도록 서원과 행을 의지하여
항상 부지런히 닦아 익혀 중생을 제도합니다.

한량없는 큰 서원의 사의하기 어려움으로
중생으로 하여금 다 청정케 하기를 서원하며
공과 무상과 무원과 무의처無依處가
서원의 힘인 까닭으로 다 밝게 나타납니다.

법의 자성은 허공과 같아
일체가 적멸하여 다 평등한 줄 알며
법문은 수가 없어 가히 말할 수 없는 것을

중생을 위하여 설하지만 집착하는 바가 없습니다.

시방세계의 모든 여래가
다 함께 처음 발심한 사람을 찬탄하시기를
이 초발심의 한량없는 공덕의 장엄한 바로
능히 피안에 이르러 부처님과 같을 것이다 하였습
니다.

중생의 수와 같은 저러한 세월에
그 공덕을 설하여도 가히 다 설할 수 없으며
여래의 광대한 집에 머물기에
삼계의 모든 법으로도 능히 비교할 수 없습니다.

일체 모든 불법을 알고자 한다면
마땅히 응당 보리심을 빨리 일으킬 것이요
이 마음이 공덕 가운데 가장 수승하나니

반드시 여래의 걸림 없는 지혜를 얻을 것입니다.

중생의 마음 가는 것을 가히 헤아려 알고
국토의 작은 티끌도 또한 다시 그렇게 알며
허공의 끝도 잠깐 사이에 가히 헤아려 알거니와
처음 발심한 공덕은 능히 측량할 수 없습니다.

삼세의 일체 부처님을 출생하고
세간의 일체 즐거움을 성취하며
일체 수승한 공덕을 증장하고
일체 모든 의혹을 영원히 끊습니다.

일체 묘한 경계를 열어 보이고
일체 모든 장애를 다 제멸하며
일체 청정한 세계를 성취하고
일체 여래의 지혜를 출생합니다.

시방의 일체 부처님을 보고자 하고
한량없는 공덕의 창고를 시여하고자 하며
중생의 모든 고뇌를 소멸하고자 한다면
마땅히 응당 보리심을 빨리 일으킬 것입니다.

명법품

그때에 정진혜보살이 법혜보살에게 여쭈어 말하기를 불자여, 보살마하살이 처음 일체 지혜를 구하려는 마음을 일으켜 이와 같은 한량없는 공덕을 성취하여 큰 장엄을 구족하며

일체 지혜의 수레에 오르며

보살의 바른 지위에 들어가며

모든 세간의 법을 버리며

부처님의 출세간법을 얻으며

과거·미래·현재의 모든 부처님이 섭수하시며

결정코 더 이상 없는 보리의 구경究竟 처소에 이르렀나니

저 모든 보살이 부처님의 가르침 가운데 어떻게 닦아 익혀야 모든 여래로 하여금 다 환희를 내게 하며

모든 보살이 머무는 바 처소에 들어가며

일체 큰 행이 다 청정함을 얻으며

소유한 큰 서원을 다 하여금 만족케 하며

모든 보살의 광대한 창고를 얻으며

응당 교화할 바를 따라서 항상 법을 설하며

항상 바라밀행을 버리지 아니하며

생각한 바 중생을 다 하여금 제도를 얻게 하며

삼보의 종성을 이어 하여금 끊어지지 않게 하며

선근의 방편이 모두 다 헛되지 않게 하겠습니까.

불자여, 저 모든 보살이 무슨 방편으로써 능히 이 법으로 하여금 마땅히 원만함을 얻게 하겠습니까.

원컨대 어여삐 여기는 마음을 내려 우리를 위하여

선설하세요.

이 모든 대회에 대중이 즐겁게 듣고자 아니함이 없습니다.

다시 저 모든 보살마하살이 항상 부지런히 닦아 익혀 일체 무명의 어둠을 멸제하며

마군의 원수를 항복받으며

모든 외도를 제어하며

일제 번뇌에 물든 마음의 때를 영원히 씻으며

다 능히 일체 선근을 성취하며

일체 악취와 모든 어려움을 영원히 벗어나며

일체 큰 지혜의 경계를 깨끗하게 다스리며

일체 보살의 모든 지위와 모든 바라밀과 총지와 삼매와 육신통과 삼명과 사무소외의 청정한 공덕을 성취하며

일체 모든 부처님의 국토를 장엄하고 그리고 모든 상호와 몸과 말과 마음의 행덕을 성취하여 만족하며

일체 모든 부처님 여래의 십력과 사무소외와 십팔
불공의 불법을 잘 알며

일체 지혜의 지혜로 행할 바 경계를 잘 알며

일체중생을 성숙케 하고자 하기 위하여 그들의
마음에 좋아함을 따라 부처님의 국토를 취하여 근기
를 따르고 때를 따라 응함과 같이 법의 가지가지
한량없고 광대한 불사를 설하며

그리고 나머지 한량없는 모든 공덕의 법과 모든
행과 모든 도와 그리고 모든 경계를 다 원만하게
하여 빨리 여래의 공덕으로 더불어 평등하며

저 모든 여래·응공·정등각이 백천 아승지세월에
보살의 행을 닦을 때에 모은 바 법장을 다 능히
수호하고 개시하여 연설하며

모든 마군과 외도가 능히 무너뜨리지 못하며

정법을 섭수하여 가지기를 다함이 없이 하며

일체 세계에서 법을 연설할 때에 천왕과 용왕과

야차왕과 건달바왕과 아수라왕과 가루라왕과 긴나라왕과 마후라가왕과 인왕과 범천왕과 여래법왕이 다 수호하며

일체 세간이 공경하고 공양하며

다 같이 그의 머리에 물을 부어 항상 모든 부처님의 호념하는 바가 되며

일체 보살이 또한 다 사랑하고 공경하며

선근의 힘을 얻어 백정법을 증장하며

여래의 깊고도 깊은 법장을 열어 연설하며

정법을 섭수하여 가져 스스로 장엄하겠습니까.

일체 보살의 행할 바 차례를 원컨대 다 연설하세요.

그때에 정진혜보살이 거듭 그 뜻을 선설하고자 하여 게송을 설하여 말하기를

큰 이름 가진 이가 잘 능히

보살의 성취한 바 공덕의 법을 연설하니

끝없는 광대한 행에 깊이 들어가며

청정한 무사 지혜(無師智)를 구족하였습니다.

만약 어떤 보살이 처음 발심하여

복덕과 지혜의 수레를 성취하고

이생의 지위에 들어가 세간을 초월하여

널리 정등보리의 법을 얻고자 한다면

저가 다시 어떻게 부처님의 가르침 가운데

견고하게 부지런히 수행하여 전전히 더 수승하여

모든 여래로 하여금 다 환희케 하며

부처님이 머무신 바 지위에 빨리 당장 들어가며

행하는 바 청정한 서원이 다 만족하며

그리고 광대한 지혜의 창고를 얻으며

항상 능히 법을 설하여 중생을 제도하지만

마음에 의지하는 바도 없고 집착하는 바도 없으며

보살의 일체 바라밀을

다 잘 수행하여 이지러져 모자람이 없게 하며

생각하는 바 중생을 다 구원하여 제도하며

항상 부처님의 종성을 가져 하여금 끊어지지 않게

하며

하는 바가 견고하여 헛되지 아니하며

일체 공덕을 이루어 벗어남을 얻게 하겠습니까.

수승한 이가 수행한 바와 같은

저 청정한 도를 원컨대 선설하세요.

영원히 일체 무명의 어둠을 깨뜨리며

수많은 마군과 그리고 외도를 항복받으며

소유한 더러운 때를 다 씻어 제거하며

여래의 큰 지혜를 친근함을 얻으며

영원히 악취의 모든 험난을 떠나며

큰 지혜의 수승한 경계를 깨끗하게 다스리며

묘한 도의 힘을 얻어 상존上尊에게 이웃하며

일체 공덕을 다 성취하며

여래의 가장 수승한 지혜를 증득하며

한량없는 모든 국토에 머물며

중생의 마음을 따라 법을 설하며

그리고 광대한 모든 불사를 지으며

어떻게 모든 묘한 도를 얻어

여래의 정법의 창고를 열어 연설하며

항상 능히 모든 불법을 받아 가져
능히 뛰어나 수승할 수도 없고 더불어 같을 수도
없으며

어떻게 두려움이 없는 것이 사자와 같으며
행하는 바가 청정한 것이 보름달과 같으며
어떻게 부처님의 공덕을 닦아 익히되
오히려 연꽃이 물에 묻지 않는 것과 같겠습니까.

　그때에 법혜보살이 정진혜보살에게 일러 말하기
를 착합니다. 불자여, 그대가 지금 다분히 요익케
하는 바와 다분히 안락케 하는 바와 다분히 은혜롭고
이익케 하고자 하는 바로 세간의 모든 하늘과 그리고
사람을 어여삐 여겨 이와 같은 보살의 닦을 바 청정한
행을 묻습니다.

불자여, 그대가 진실한 법에 머물러 큰 정진을 일으켜 증장하고 물러나지 아니하여 이미 해탈을 얻어 능히 이런 질문을 하니

여래와 같습니다.

자세히 듣고 자세히 들어 잘 생각하고 생각하세요.

내가 지금 부처님의 위신력을 받아 그대를 위하여 저 가운데 그 소분少分만을 설할 것입니다.

불자여, 보살마하살이 이미 일체 지혜의 마음을 일으켰다면 응당 어리석음의 어둠을 떠나 부지런한 정진으로 마음을 수호守護하여 하여금 방일하지 않게 할 것입니다.

불자여, 보살마하살이 열 가지 법에 머무는 것을 불방일이라 이름 하나니

어떤 것이 열 가지가 되는가.

첫 번째는 수많은 계를 호지하는 것이요

두 번째는 어리석음을 멀리 떠나 보리심을 깨끗하게 하는 것이요

세 번째는 마음이 질박하고 곧은 것을 좋아하여 모든 아첨과 속임을 떠나는 것이요

네 번째는 부지런히 선근을 닦아 물러나지 않는 것이요

다섯 번째는 항상 스스로 발심한 바를 잘 사유하는 것이요

여섯 번째는 재가 사람이나 출가 사람이나 일체 범부를 친근하기를 좋아하지 않는 것이요

일곱 번째는 모든 선업을 닦지만 그러나 출세간에 과보 구하기를 원하지 않는 것이요

여덟 번째는 영원히 이승을 떠나 보살의 도를 행하는 것이요

아홉 번째는 수많은 선법을 즐겁게 닦아 하여금

끊어지지 않게 하는 것이요

열 번째는 항상 스스로 상속하는 힘을 잘 관찰하는 것입니다.

불자여, 만약 모든 보살이 이 열 가지 법을 실행한다면 이것을 곧 이름하여 불방일에 머문다 할 것입니다.

불자여, 보살마하살이 불방일에 머물면 열 가지 청정함을 얻나니

어떤 것이 열 가지가 되는가.

첫 번째는 말과 같이 행하는 것이요

두 번째는 생각과 지혜가 성취하는 것이요

세 번째는 깊은 삼매에 머물러 혼침하지도 않고 도거하지도 않는 것이요

네 번째는 불법을 구하기를 좋아하여 게으르지 않는 것이요

다섯 번째는 들은 바 진리를 따라 진리와 같이 관찰하여 교묘한 지혜를 구족하게 출생하는 것이요

여섯 번째는 깊은 선정에 들어가 부처님의 신통을 얻는 것이요

일곱 번째는 그 마음이 평등하여 높고 낮음이 없는 것이요

여덟 번째는 모든 중생의 상·중·하 유형에 마음이 장애가 없는 것이 비유하자면 대지와 같아서 평등하게 이익을 짓는 것이요

아홉 번째는 만약 중생이 내지 한 번이라도 보리의 마음을 일으킨 사람을 본다면 존중하고 받들어 섬기기를 비유하자면 화상과 같이 할 것이요

열 번째는 계를 주는 화상과 그리고 아사리와 일체 모든 보살과 모든 선지식과 법사의 처소에 항상 존중하는 마음을 내어 받들어 섬기고 공양하는 것입니다.

불자여, 이것이 보살이 불방일에 머무는 열 가지 청정한 것입니다.

불자여, 보살마하살이 이 불방일에 머물러 큰 정진을 일으키며

바른 생각을 일으키며

수승한 욕락을 내며

행하는 바가 쉬지 아니하며

일체법에 마음이 의지할 곳이 없으며

깊고 깊은 법에 능히 부지런히 닦아 익히며

다툼이 없는 문에 들어가며

광대한 마음을 증장하며

불법이 끝이 없음을 능히 수순하여 알며

모든 여래로 하여금 다 환희케 합니다.

불자여, 보살마하살이 다시 열 가지 법이 있어서 능이 일체 모든 부처님으로 하여금 환희케 하나니

어떤 등이 열 가지가 되는가.

첫 번째는 정진을 물러나지 않고 하는 것이요

두 번째는 몸과 목숨을 아끼지 않는 것이요

세 번째는 모든 이양에 희구하는 바가 없는 것이요

네 번째는 일체법이 다 허공과 같은 줄 아는 것이요

다섯 번째는 잘 능히 관찰하여 널리 법계에 들어가는 것이요

여섯 번째는 모든 법인을 알지만 마음에 의지하거나 집착함이 없는 것이요

일곱 번째는 항상 큰 서원을 일으키는 것이요

여덟 번째는 청정한 법인의 지혜 광명을 성취하는 것이요

아홉 번째는 스스로 선한 법을 관찰하지만 마음에 증감이 없는 것이요

열 번째는 조작이 없는 법문을 의지하여 모든 청정한 행을 닦는 것입니다.

불자여, 이것이 보살이 열 가지 법에 머물러 능히 일체 여래로 하여금 환희케 하는 것입니다.

불자여, 다시 열 가지 법이 있어서 능히 일체 모든 부처님으로 하여금 환희케 하나니
어떤 것이 열 가지가 되는가.
말하자면 불방일에 편안히 머물며
무생법인에 편안히 머물며
대자에 편안히 머물며
대비에 편안히 머물며
만족한 모든 바라밀에 편안히 머물며
모든 행에 편안히 머물며
큰 서원에 편안히 머물며
선교방편에 편안히 머물며
용맹한 힘에 편안히 머물며
지혜에 편안히 머물러 일체법이 다 머무는 바가

없는 줄 관찰하는 것이 비유하자면 허공과 같습니다.

불자여, 만약 모든 보살이 이 열 가지 법에 머문다면 능히 일체 모든 부처님으로 하여금 환희케 할 것입니다.

불자여, 열 가지 법이 있어서 모든 보살로 하여금 빨리 모든 지위에 들어가게 하나니

어떤 등이 열 가지가 되는가.

첫 번째는 선교방편으로 복덕과 지혜의 두 가지 행을 원만케 하는 것이요

두 번째는 능히 바라밀의 도를 크게 장엄하는 것이요

세 번째는 지혜가 밝아 다른 사람의 말을 따르지 않는 것이요

네 번째는 선지식을 받들어 섬겨 항상 버리거나

떠나지 않는 것이요

다섯 번째는 항상 정진을 행하여 게으르지 않는 것이요

여섯 번째는 잘 능히 여래의 위신력에 편안히 머무는 것이요

일곱 번째는 모든 선근을 닦되 피곤하거나 게으른 생각을 내지 않는 것이요

여덟 번째는 깊은 마음과 예리한 지혜를 대승법으로써 스스로 장엄하는 것이요

아홉 번째는 한 지위 한 지위의 법문에 마음이 머무는 바가 없는 것이요

열 번째는 삼세에 부처님의 선근 방편으로 더불어 체성이 동일한 것입니다.

불자여, 이 열 가지 법이 모든 보살로 하여금 모든 지위에 들어가게 하는 것입니다.

다시 불자여, 모든 보살이 처음 지위에 머물 때에 응당 잘 관찰하되 그가 소유한 일체 법문을 따르며

그가 소유한 깊고도 깊은 지혜를 따르며

닦은 바 인연을 따르며

얻은 바 과보를 따르며

그의 경계를 따르며

그의 역용을 따르며

그의 시현함을 따르며

그의 분별을 따르며

그의 얻은 바를 따라서

다 잘 관찰하여 일체법이 다 자기의 마음인 줄 알아 집착하는 바가 없나니,

이와 같이 안 이후에 보살의 지위에 들어가 능히 잘 편안히 머무는 것입니다.

불자여, 저 모든 보살이 다 이런 생각을 하되 우리

등이 마땅히 빨리 모든 지위에 들어가야 하나니

무슨 까닭인가.

우리 등이 만약 한 지위 한 지위 가운데 머문다면 이와 같은 광대한 공덕을 성취할 것이며

공덕을 갖춘 이후에는 점점 부처님의 지위에 들어갈 것이며

부처님의 지위에 들어간 이후에는 능히 끝없는 광대한 불사를 지을 것이다.

이런 까닭으로 마땅히 응당 항상 부지런히 닦아 익혀 쉼 없이 하고 피곤해하거나 싫어함이 없이 하여 큰 공덕으로써 스스로 장엄하여 보살의 지위에 들어갈 것이다 하였습니다.

불자여, 열 가지 법이 있어서 모든 보살로 하여금 행하는 바가 청정케 하나니

어떤 등이 열 가지가 되는가.

첫 번째는 자재資財를 다 희사하여 중생의 뜻을 만족케 하는 것이요

두 번째는 계를 청정하게 가져 훼범하는 바가 없는 것이요

세 번째는 유화하고 인욕하기를 끝없이 하는 것이요

네 번째는 모든 행을 부지런히 닦아 영원히 물러나지 않는 것이요

다섯 번째는 바른 생각의 힘으로써 마음이 미혹하여 산란하지 않는 것이요

여섯 번째는 한량없는 모든 법을 분별하여 아는 것이요

일곱 번째는 일체행을 닦지만 집착하는 바가 없는 것이요

여덟 번째는 그 마음이 움직이지 않는 것이 비유하자면 산왕과 같은 것이요

아홉 번째는 널리 중생을 제도하는 것이 비유하자면 다리와 같은 것이요

열 번째는 일체중생이 모든 여래로 더불어 체성이 동일한 줄 아는 것입니다.

불자여, 이것이 열 가지 법이 되나니 모든 보살로 하여금 행하는 바가 청정케 하는 것입니다.

보살이 이미 행이 청정함을 얻은 이후에 다시 열 가지 더욱 수승한 법을 얻나니

어떤 등이 열 가지가 되는가.

첫 번째는 타방 세계에 모든 부처님이 다 보호하고 염려하는 것이요

두 번째는 선근이 더욱 수승하여 모든 등급의 나열을 초월하는 것이요

세 번째는 잘 능히 부처님의 가피지력을 받는 것이요

네 번째는 항상 선한 사람을 얻어 의지하는 바가 되는 것이요

다섯 번째는 편안히 머물러 정진하여 항상 방일하지 않는 것이요

여섯 번째는 일체법이 평등하여 다름이 없음을 아는 것이요

일곱 번째는 마음이 항상 더 이상 없는 대비에 편안히 머무는 것이요

여덟 번째는 여실하게 법을 관찰하여 묘한 지혜를 출생하는 것이요

아홉 번째는 능히 잘 교묘한 방편을 수행하는 것이요

열 번째는 능히 여래의 방편의 힘을 아는 것입니다.

불자여, 이것이 보살의 열 가지 더욱 수승한 법이 되는 것입니다.

불자여, 보살이 열 가지 청정한 서원이 있나니 어떤 등이 열 가지가 되는가.

첫 번째는 중생을 성숙케 하지만 피곤하거나 싫어함이 없기를 서원하는 것이요

두 번째는 수많은 선법을 갖추어 행하여 모든 세계를 청정케 하기를 서원하는 것이요

세 번째는 여래를 받들어 섬겨 항상 존중하는 마음을 내기를 서원하는 것이요

네 번째는 정법을 보호하여 가지되 몸과 목숨을 아끼지 않기를 서원하는 것이요

다섯 번째는 지혜로 관찰하여 모든 부처님의 국토에 들어가기를 서원하는 것이요

여섯 번째는 모든 보살로 더불어 체성이 동일하기를 서원하는 것이요

일곱 번째는 여래의 문에 들어가 일체법을 요달하기를 서원하는 것이요

여덟 번째는 보는 사람이 믿음을 내어 이익을 얻지 아니함이 없기를 서원하는 것이요

아홉 번째는 신통력으로 세상에 미래세월이 다하도록 머물기를 서원하는 것이요

열 번째는 보현행을 구족하여 일체종지의 문門을 깨끗하게 다스리기를 서원하는 것입니다.

불자여, 이것이 보살의 열 가지 청정한 서원이 되는 것입니다.

불자여, 보살이 열 가지 법에 머물러 모든 큰 서원으로 하여금 다 원만함을 얻게 하나니

어떤 등이 열 가지가 되는가.

첫 번째는 마음이 피곤하거나 싫어함이 없는 것이요

두 번째는 큰 장엄을 갖추는 것이요

세 번째는 모든 보살의 수승한 원력을 생각하는

것이요

네 번째는 모든 부처님의 국토에 대하여 듣고 다 가서 태어나기를 서원하는 것이요

다섯 번째는 깊은 마음이 장구하여 미래세월이 다하도록 하는 것이요

여섯 번째는 일체중생이 다 성취하기를 서원하는 것이요

일곱 번째는 일체 세월에 머물지만 피로하지 않는 것이요

여덟 번째는 일체 괴로움을 받지만 싫어하여 떠나지 않는 것이요

아홉 번째는 일체 즐거움에 마음이 탐착하지 않는 것이요

열 번째는 항상 부지런히 더 이상 없는 법문을 수호하는 것입니다.

불자여, 보살이 이와 같은 서원을 만족할 때 곧 열 가지 끝없는 창고를 얻나니

어떤 등이 열 가지가 되는가.

말하자면 널리 모든 부처님을 보는 끝없는 창고와

모두 가져 잊지 않는 끝없는 창고와

모든 법을 결정코 아는 끝없는 창고와

대비로 구호하는 끝없는 창고와

가지가지 삼매의 끝없는 창고와

중생의 마음을 만족케 하는 광대한 복덕의 끝없는 창고와

일체법을 연설하는 깊고도 깊은 지혜의 끝없는 창고와

과보로 신통을 얻는 끝없는 창고와

한량없는 세월에 머무는 끝없는 창고와

끝없는 세계에 들어가는 끝없는 창고입니다.

불자여, 이것이 보살의 열 가지 끝없는 창고가

되는 것입니다.

보살이 이 열 가지 창고를 얻은 이후에 복덕을 구족하고 지혜가 청정하여 저 모든 중생에게 그 응하는 바를 따라서 법을 설합니다.

불자여, 보살이 어떻게 모든 중생에게 그 응하는 바를 따라 법을 설합니까.

말하자면 그 짓는 바를 알며 그 인연을 알며 그 마음이 가는 것을 알며 그 욕락을 알아서

탐욕이 많은 사람에게는 부정함을 설하며

성냄이 많은 사람에게는 큰 자비를 설하며

어리석음이 많은 사람에게는 부지런히 관찰하기를 가르치며

삼독이 똑같이 많은 사람에게는 수승한 지혜를 성취할 법문을 설하며

생사를 좋아하는 사람에게는 세 가지 고통을 설

하며

만약 처소에 집착하는 사람이라면 처소가 공적함을 설하며

마음이 게으른 사람에게는 큰 정진을 설하며

아만을 품은 사람에게는 법이 평등함을 설하며

아첨과 속임이 많은 사람에게는 보살의 그 마음이 질박하고 정직함을 설하며

고요를 좋아하는 사람에게는 널리 법을 설하여 그로 하여금 성취케 하나니

보살이 이와 같이 그 응하는 바를 따라서 법을 설합니다.

법을 설할 때에 글이 서로 연속하고 뜻이 그릇됨이 없으며

법의 선후를 관찰하고 지혜로써 분별하며

시비를 살펴 결정하고 법인을 어기지 아니하며

끝없는 행문을 차례로 건립하고 모든 중생으로 하여금 일체 의심을 끊게 하며

모든 근성을 잘 알고 여래의 가르침에 들어가며 진실한 경계를 증득하고 법의 평등함을 알며 모든 법의 애착을 끊고 일체 집착을 제멸하며 항상 모든 부처님을 생각하여 마음에 잠시도 버리지 않고 음성의 체성이 평등함을 요달하여 알며 모든 언설에 마음이 집착하는 바가 없고 교묘하게 비유를 설하지만 서로 위반함이 없으며

다 하여금 일체 모든 부처님이 응함을 따라 널리 나타내는 평등한 지혜의 몸을 깨달아 얻게 하나니

보살이 이와 같이 모든 중생을 위하여 법을 연설하고 곧 스스로 닦아 익혀 의리義利를 증장하지만 모든 바라밀을 버리지 아니하여 바라밀의 도를 구족하게 장엄합니다.

이때에 보살이 중생으로 하여금 마음을 만족케 하기 위한 까닭으로 안과 밖으로 다 버리지만 집착하는 바가 없나니,

이것은 곧 능히 보시바라밀을 청정케 하는 것입니다.

수많은 계율을 갖추어 가지지만 집착하는 바가 없어서 영원히 아만을 떠났으니

이것은 곧 능히 지계바라밀을 청정케 하는 것입니다.

다 능히 일체 모든 악한 것을 참고 받아들이지만 모든 중생에게 그 마음이 평등하여 동요함이 없는 것이 비유하자면 대지가 능히 일체 모든 것을 가지는 것과 같나니

이것은 곧 능히 인욕바라밀을 청정케 하는 것입니다.

널리 수많은 업을 일으켜 항상 수행하고 게으르지

아니하며

삼유에서 짓는 바에 항상 물러나지 아니하며

용맹한 세력을 능히 제복할 수 없으며

모든 공덕을 취하지도 않고 버리지도 않아서 능히 일체 지혜의 문을 만족하나니

이것은 곧 능히 정진바라밀을 청정케 하는 것입니다.

오욕의 경계에 탐착하는 바가 없으며

모든 차례의 선정을 다 능히 성취하며

항상 바로 사유하여 머물지도 않고 나오지도 아니하며

능히 일체 번뇌를 소멸하며

한량없는 모든 삼매문을 출생하며

끝없는 큰 신통력을 성취하며

역순의 차례로 모든 삼매에 들어가며

한 삼매문 가운데 끝없는 삼매문에 들어가며

일체 삼매의 경계를 다 알며

일체 삼매와 삼마발저와 지인智印으로 더불어 서로 위배되지 아니하며

능히 일체 지혜의 지위에 빨리 들어가나니

이것은 곧 능히 선정바라밀을 청정케 하는 것입니다.

저 모든 부처님의 처소에서 법문을 듣고 받아 가지며

선지식을 친근하여 받들어 섬기고 게으르지 아니하며

항상 법문 듣기를 좋아하여 마음에 싫어하거나 만족함이 없으며

듣고 수지하는 바를 따라서 이치와 같이 사유하며

진실한 삼매에 들어가서 모든 편벽된 소견을 떠나며

모든 법을 잘 관찰하여 실상의 법인을 얻으며

여래의 무공용도를 요달하여 알며

보문普門의 지혜를 타며

일체 지혜와 지혜의 문에 들어가며

영원히 휴식함을 얻나니

이것은 곧 능히 반야바라밀을 청정케 하는 것입
니다.

일체 세간에서 짓는 업을 시현하며

중생을 교화하되 싫어하거나 게으르지 아니하며

그 마음에 즐거움을 따라서 몸을 나타내며

일체 행하는 바에 다 물들거나 집착하지 아니하며

혹은 범부를 나타내고 혹은 성인이 행하신 바
행을 나타내며

혹은 생사를 나타내고 혹은 열반을 나타내며

잘 능히 일체 짓는 바를 관찰하며

일체 모든 장엄하는 일을 시현하지만 탐착하지
아니하며

모든 육취에 두루 들어가며

중생을 제도하여 해탈케 하나니

이것은 곧 능히 방편바라밀을 청정케 하는 것입니다.

일체중생을 다 성취하며

일체 세계를 다 장엄하며

일체 모든 부처님을 다 공양하며

걸림이 없는 법을 다 통달하며

온 법계에 행을 다 수행하며

몸이 미래세월이 다하도록 항상 머물며

지혜로 일체 마음과 생각을 다 알며

유전流轉과 환멸還滅을 다 깨달으며

일체 국토를 다 시현하며

여래의 지혜를 다 증득하나니

이것은 곧 능히 원바라밀을 청정케 하는 것입니다.

깊은 마음의 힘을 갖추어서 뒤섞이어 물듦이 없는 까닭이며

깊은 믿음의 힘을 갖추어서 능히 꺾어 제복할 수 없는 까닭이며

대비의 힘을 갖추어서 피곤해하거나 싫어하는 생각을 내지 않는 까닭이며

대자大慈의 힘을 갖추어서 행하는 바가 평등한 까닭이며

총지의 힘을 갖추어서 능히 방편으로 일체의 뜻을 가지는 까닭이며

변재의 힘을 갖추어서 일체중생으로 하여금 환희하고 만족케 하는 까닭이며

바라밀의 힘을 갖추어서 대승을 장엄하는 까닭이며

큰 서원의 힘을 갖추어서 영원히 끊어지지 않게 하는 까닭이며

신통의 힘을 갖추어서 한량없는 것을 출생하는 까닭이며

가지加持의 힘을 갖추어서 하여금 믿고 알고 받아들이게 하는 까닭이니

이것은 곧 능히 역바라밀을 청정케 하는 것입니다.

탐욕을 행하는 중생을 알며

성냄을 행하는 중생을 알며

어리석음을 행하는 중생을 알며

세 가지를 같은 분으로 행하는 중생을 알며

지위를 수학하여 행하는 중생을 알며

한 생각 가운데 끝없는 중생의 행을 알며

끝없는 중생의 마음을 알며

일체법의 진실을 알며

일체 여래의 힘을 알며

널리 법계의 법문을 깨달아 아나니

이것은 곧 능히 지혜바라밀을 청정케 하는 것입니다.

불자여, 보살이 이와 같이 모든 바라밀을 청정케 할 때와 모든 바라밀을 원만케 할 때와 모든 바라밀을 버리지 아니할 때에 크게 장엄한 보살승 가운데 머물고 그 생각하는 바 일체중생을 따라 다 법을 설하여 하여금 맑은 업을 증장하여 제도하여 해탈을 얻게 하되 악도에 떨어진 중생에게 하여금 발심하기를 가르치며

팔란 가운데 있는 중생에게 하여금 부지런히 정진케 하며

탐욕이 많은 중생에게 탐욕이 없는 법을 시현하며

성냄이 많은 중생에게 하여금 평등을 행하게 하며

소견에 집착한 중생에게 연기법을 설하며

욕계의 중생에게 탐욕과 성냄의 악법인 불선한

법을 떠나기를 가르치며

색계의 중생에게 그 비발사나를 선설하며

무색계의 중생에게 그 미묘한 지혜를 선설하며

이승의 사람에게 고요한 행을 가르치며

대승을 좋아하는 사람에게 십력十力과 광대한 장엄을 설합니다.

그 보살이 지나간 옛날에 처음 발심할 때 한량없는 중생이 모든 악도에 떨어진 것을 보고 큰 사자후로 이와 같은 말을 하되 내가 마땅히 가지가지 법문으로써 그들이 응하는 바를 따라서 제도하여 해탈케 하리라 한 것과 같이, 지금에 보살이 이와 같은 지혜를 구족하여 널리 일체중생을 능히 제도하고 능히 해탈케 합니다.

불자여, 보살이 이와 같은 지혜를 구족하여 삼보의 종성으로 하여금 영원히 끊어지지 않게 하나니

무슨 까닭인가.

보살마하살이 모든 중생을 교화하여 보리심을 일으키게 하기에 이런 까닭으로 능히 부처님의 종성으로 하여금 끊어지지 않게 하며

항상 중생을 위하여 법장을 열기에 이런 까닭으로 능히 법의 종성으로 하여금 끊어지지 않게 하며

교법을 잘 가져 어기는 바가 없기에 이런 까닭으로 능히 스님의 종성으로 하여금 끊어지지 않게 합니다.

다시 다음에 다 능히 일체 대원을 칭찬하기에 이런 까닭으로 능히 부처님의 종성으로 하여금 끊어지지 않게 하며

인연의 법문을 분별하여 연설하기에 이런 까닭으로 능히 법의 종성으로 하여금 끊어지지 않게 하며

항상 부지런히 육화경六和敬의 법을 닦아 익히기에 이런 까닭으로 능히 스님의 종성으로 하여금

끊어지지 않게 합니다.

다시 다음에 중생의 마음 밭 가운데 부처님의 종자를 심기에 이런 까닭으로 능히 부처님의 종성으로 하여금 끊어지지 않게 하며

정법을 호지하되 몸과 목숨을 아끼지 않기에 이런 까닭으로 능히 법의 종성으로 하여금 끊어지지 않게 하며

대중을 통솔하고 다스리되 피곤해하거나 싫어함이 없기에 이런 까닭으로 능히 스님의 종성으로 하여금 끊어지지 않게 합니다.

다시 다음에 과거·미래·지금의 부처님과 설하신 바 법과 제정하신 바 계율을 다 받들어 가져 마음에 버리지 않기에 이런 까닭으로 능히 부처님과 법과 스님의 종성으로 하여금 영원히 끊어지지 않게 합니다.

보살이 이와 같이 삼보를 이어 융성하게 하기에 일체 행하는 바가 허물이 없으며

지은 바가 있음을 따라 모두 일체 지혜의 문에 회향하기에 이런 까닭으로 삼업이 다 허물이 없으며

허물이 없는 까닭으로 지은 바 수많은 선업과 행한 바 모든 행으로 중생을 교화하여 응함을 따라 법을 설하되 내지 한 생각도 착오가 없고 다 방편과 지혜로 더불어 상응하여 모두 일체 지혜와 지혜에 회향하여 헛되이 지나는 사람이 없을 것입니다.

보살이 이와 같이 선법을 닦아 익혀 생각생각에 열 가지 장엄을 구족하나니

어떤 것이 열 가지가 되는가.

말하자면 몸을 장엄하는 것이니 모든 중생의 응당 조복할 바를 따라서 시현하는 까닭이며

말을 장엄하는 것이니 일체 의심을 끊어 다 하여금

환희케 하는 까닭이며

마음을 장엄하는 것이니 한 생각 가운데 모든 삼매에 들어가는 까닭이며

부처님의 국토를 장엄하는 것이니 일체가 청정하여 모든 번뇌를 떠나는 까닭이며

광명을 장엄하는 것이니 끝없는 광명을 놓아 널리 중생을 비추는 까닭이며

모인 대중을 장엄하는 것이니 널리 모인 대중을 섭수하여 다 하여금 환희케 하는 까닭이며

신통을 장엄하는 것이니 중생의 마음을 따라 자재로 시현하는 까닭이며

바른 가르침을 장엄하는 것이니 능히 일체 총명하고 지혜로운 사람을 섭수하는 까닭이며

열반의 땅을 장엄하는 것이니 한 처소에서 성도함에 시방에 두루하여 다 남음이 없게 하는 까닭이며

교묘한 말을 장엄하는 것이니 처소를 따르고 때를

따르고 그 근성을 따라 법을 설하는 까닭입니다.

보살이 이와 같은 장엄을 성취하여 생각생각 가운데 몸과 말과 뜻의 업을 다 헛되이 지남이 없어서 모두 일체 지혜의 문에 회향합니다.

만약 어떤 중생이 이 보살을 본다면 마땅히 알아야 합니다. 또한 다시 헛되이 지날 사람이 없을 것이니 반드시 마땅히 아뇩다라삼먁삼보리를 이루는 까닭이며

혹 이름을 듣거나 혹 공양하거나 혹 함께 머물거나 혹 기억하여 생각하거나 혹 따라 출가하거나 혹 설법하는 것을 듣거나 혹 선근을 따라 기뻐하거나 혹 멀리서 흠모하고 공경하는 마음을 내거나 내지 이름을 칭양하거나 찬탄한다면 다 마땅히 아뇩다라삼먁삼보리를 얻을 것입니다.

불자여, 비유하자면 약이 있나니 이름이 선견입니다.

중생이 보기만 하면 수많은 독이 다 제멸되는 것과 같아서 보살도 이와 같아서 이 법을 성취하였기에 중생이 만약 보기만 하면 모든 번뇌의 독이 다 제멸됨을 얻고 선한 법이 증장될 것입니다.

불자여, 보살마하살이 이 법 가운데 머물러 부지런히 가행으로 닦아 익혀 지혜의 밝음으로써 모든 어리석음의 어둠을 제멸하며

자비의 힘으로써 마군을 꺾어 제복하며

큰 지혜와 그리고 복덕의 힘으로써 모든 외도를 제어하며

금강삼매로써 일체 마음에 더러운 번뇌를 멸제하며

정진의 힘으로써 모든 선근을 모으며

부처님의 국토를 청정하게 한 모든 선근의 힘으로
써 일체 악도의 모든 재난을 멀리 떠나며

집착하는 바가 없는 힘으로써 지혜의 경계를 청정
하게 하며

방편과 지혜의 힘으로써 일체 보살의 모든 지위와
모든 바라밀과 그리고 모든 삼매와 육신통과 삼명과
사무소외를 출생하여 다 하여금 청정하게 하며

일체 선법의 힘으로써 일체 모든 부처님의 정토와
끝없는 상호相好와 몸과 말과 그리고 마음을 성만하
여 구족하게 장엄하며

지혜의 자재롭게 관찰하는 힘으로써 일체 여래의
십력과 사무소외와 십팔불공의 불법이 다 평등한
줄 알며

광대한 지혜의 힘으로써 일체 지혜와 지혜의 경계
를 요달하여 알며

지나간 옛날 서원의 힘으로써 응당 교화할 바를

따라서 부처님의 국토를 나타내고, 큰 법륜을 전하여 한량없고 끝없는 중생을 제도하여 해탈케 합니다.

불자여, 보살마하살이 부지런히 이 법을 닦는다면 차례로 모든 보살의 행을 성취할 것이며

내지 모든 부처님으로 더불어 평등함을 얻어서

끝없는 세계 가운데 대법사가 되어 정법을 보호하여 가질 것이며

일체 모든 부처님이 보호하고 염려하는 바가 될 것이며

광대한 법장을 수호하고 받아 가져 걸림 없는 변재를 얻어서 법문에 깊이 들어갈 것이며

끝없는 세계의 대중 가운데 유형이 같지 아니함을 따라서 널리 그 몸을 나타내되 색상을 구족하여 가장 수승하게 비교할 데가 없이 할 것이며

걸림이 없는 변재로써 깊은 법을 교묘하게 설하되 그 음성이 원만하여 잘 교묘하게 분포하는 까닭으로 능히 듣는 사람으로 하여금 끝없는 지혜의 문에 들어가게 할 것이며

모든 중생의 마음과 행동과 번뇌를 알아 법을 연설하되 설출하는 바 말과 음성이 구족하여 청정한 까닭으로 한 음성으로 연창하여 능히 일체중생으로 하여금 다 환희심을 내게 할 것이며

그 몸이 단정하고 큰 위신력이 있는 까닭으로 대중의 회상에 거처함에 능히 그를 지날 자가 없을 것이며

중생의 마음을 잘 아는 까닭으로 능히 널리 몸을 나타내며

잘 교묘하게 법을 설하는 까닭으로 음성이 걸림이 없으며

마음에 자재함을 얻은 까닭으로 큰 법을 교묘하게

설함에 능히 무너뜨릴 수 없으며

두려워하는 바가 없음을 얻은 까닭으로 마음이 겁나거나 약함이 없으며

법에 자재한 까닭으로 능히 그를 지날 자가 없으며

지혜에 자재한 까닭으로 능히 그를 이길 자가 없으며

반야바라밀에 자재한 까닭으로 설하는 바 법상이 서로 위배되지 아니하며

변재에 자재한 까닭으로 좋아함을 따라 법을 설하되 상속하여 끊어지지 아니하며

다라니에 자재한 까닭으로 결정코 모든 법의 실상을 개시하며

변재에 자재한 까닭으로 연설할 바를 따라서 능히 가지가지 비유의 문을 개시하며

대비에 자재한 까닭으로 부지런히 중생을 가르치되 마음이 게으르거나 쉬지 아니하며

대자大慈에 자재한 까닭으로 광명의 그물을 놓아 중생의 마음을 기쁘게 할 것입니다.

보살이 이와 같이 높고 넓은 사자의 자리에 거처하여 큰 법을 연설함에 오직 여래와 그리고 서원과 지혜가 수승한 모든 큰 보살을 제외하고 그 나머지 중생은 능히 이길 자가 없으며 머리를 볼 자가 없으며 광명을 빼앗을 자가 없나니,

힐난한 질문으로써 그로 하여금 물러나 굴복케 하고자 할지라도 옳을 곳이 없습니다.

불자여, 보살마하살이 이와 같이 자재한 힘을 얻은 이후에 가사 어떤 사람이 가히 말할 수 없는 세계의 분량과 넓고 큰 도량에 그 가운데 중생을 가득하게 하여 낱낱 중생의 위덕과 색상이 다 삼천대천세계의 군주와 같게 할지라도 보살이 여기에 겨우 그 몸을 나타냄에 다 능히 이와 같은 대중을 가려

큰 자비로써 그 겁내고 약한 중생을 안은하게 하며
깊은 지혜로써 그 욕락하는 중생을 관찰하며
두려움이 없는 변재로써 그 중생을 위하여 법을
설하여 능히 일체중생으로 하여금 다 환희심을 내게
합니다.

무슨 까닭인가.
불자여, 보살마하살이 한량없는 지혜의 바퀴를
성취한 까닭이며
한량없는 교묘한 분별을 성취한 까닭이며
광대한 바른 생각의 힘을 성취한 까닭이며
끝없는 선교의 지혜를 성취한 까닭이며
결정코 모든 법의 실상을 아는 다라니를 성취한
까닭이며
끝없는 보리심을 성취한 까닭이며
착오 없는 묘한 변재를 성취한 까닭이며

일체 부처님의 가피지력을 얻어 깊이 믿고 앎을 성취한 까닭이며

널리 삼세에 모든 부처님의 대중이 모인 도량에 들어가는 지혜의 힘을 성취한 까닭이며

삼세에 모든 부처님의 동일한 체성을 아는 청정한 마음을 성취한 까닭이며

삼세에 일체 여래의 지혜와 일체 보살의 큰 서원과 지혜를 성취하여 능히 대법사를 지어 모든 부처님의 정법의 창고를 열고 그리고 수호하여 가지는 까닭입니다.

그때에 법혜보살이 거듭 그 뜻을 선설하고자 하여 부처님의 위신력을 받아 게송을 설하여 말하기를

마음이 보리에 머물러 수많은 복을 모으며
항상 방일하지 않고 견고한 지혜를 심으며

그 뜻을 바로 생각하여 항상 잊지 아니하여
시방의 모든 부처님으로 다 환희케 합니다.

생각과 욕망이 견고하여 스스로 부지런히 힘쓰며
세간에 의지함도 없고 물러남도 겁남도 없으며
다툼이 없는 행으로써 깊은 법에 들어가서
시방에 모든 부처님으로 다 환희케 합니다.

부처님으로 환희케 한 이후에 정진이 견고하여
복덕과 지혜의 도를 돕는 법을 수행하여
모든 지위에 들어가 수많은 행을 청정케 하며
여래의 설한 바 서원을 만족케 하였습니다.

이와 같이 수행하여 미묘한 법을 얻고
이미 법을 얻은 이후에 중생에게 보시하되
그들의 마음에 좋아하는 것과 그리고 근성을 따르며

다 그들의 마땅함을 따라서 개시하여 연설합니다.

보살이 저 중생을 위하여 법을 연설하지만
자기가 모든 바라밀을 수행하는 것도 버리지 아니
하며
바라밀의 도가 이미 이루어짐에
항상 삼유의 바다에 중생을 제도합니다.

낮과 밤으로 부지런히 수행하길 게으름이 없이 하여
삼보의 종성으로 하여금 끊어지지 않게 하며
수행한 바 일체 백정법으로써
다 여래의 지위에 회향합니다.

보살이 수행한 바 수많은 선행은
널리 모든 중생을 성취하여
그 중생으로 하여금 어둠을 깨뜨리고 번뇌를 소멸

하며

마군을 항복받고 정각을 성취케 하기 위한 것입니다.

이와 같이 수행하여 부처님의 지혜를 얻어

여래의 정법장에 깊이 들어가

대법사가 되어 묘법을 연설하되

비유하자면 감로수를 다 뿌려주는 것과 같이 합니다.

자비로 어여삐 여기는 것이 일체에 두루하여

중생의 마음과 행동을 알지 못함이 없어서

그들이 좋아하는 바와 같이

한량도 없고 끝도 없는 모든 불법을 개시합니다.

나아가고 그침을 편안하고 서서히 하는 것이 코끼리

왕과 같으며

용맹하여 두려움이 없는 것이 사자와 같으며

움직이지 않는 것이 산과 같고 지혜가 바다와 같으며 또한 큰비가 수많은 열기를 제멸하는 것과 같습니다.

그때 법혜보살이 이 게송을 설하여 마침에 여래는 환희하시고 대중은 받들어 실행하였습니다.

승야마천궁품

그때에 여래의 위신력인 까닭으로 시방의 일체 세계에 낱낱 사천하의 남염부제와 그리고 수미산 정상에다 여래가 대중이 모인 가운데 거처하거늘, 저 모든 보살이 다 부처님의 위신력을 쓴 까닭으로 법을 연설하되 스스로 항상 부처님을 대면한다 말하지 아니함이 없는 줄 보더니

그때에 세존이 일체 보리수 아래와 그리고 수미산 정상을 떠나지 않고 저 야마천궁 보배장엄궁전을 향해 가시니

그때 야마천왕이 멀리서 부처님이 오심을 보고 곧 위신력으로써 그 장엄궁전 앞에 보배 연꽃으로 갈무리한 사자의 자리를 변화하여 짓되

백만 층계로써 장엄하며

백만 황금 그물로써 서로 이으며

백만 꽃 휘장과 백만 화만 휘장과 백만 향 휘장과 백만 보배 휘장으로 그 위를 가득 덮으며

꽃 일산과 화만 일산과 향 일산과 보배 일산을 각각 또한 백만으로 두루 돌려 펴며

백만 광명으로 비추며

백만 야마천왕이 공경스레 정례하며

백만 범천왕이 뛰면서 환희하며

백만 보살이 칭양하여 찬탄하며

백만 하늘 음악이 각각 백만 가지 법음을 연주하여 계속 끊어지지 않게 하며

백만 가지 꽃구름과 백만 가지 화만 구름과 백만 가지 장엄구 구름과 백만 가지 옷 구름이 두루 돌아 가득 덮으며

백만 가지 마니 구름이 광명을 비추나니

백만 가지 선근으로 좇아 생기한 바이며

백만 모든 부처님이 보호하여 가지는 바이며

백만 가지 복덕으로 증장한 바이며

백만 가지 깊은 마음과 백만 가지 서원으로 장엄하여 청정히 한 바이며

백만 가지 행으로 생기한 바이며

백만 가지 법으로 건립한 바이며

백만 가지 신통으로 변화하여 나타낸 것이니

항상 백만 가지 말소리를 내어 모든 법을 현시합니다.

그때에 저 야마천왕이 자리를 편 이후에 부처님 세존을 향하여 몸을 굽혀 합장하며 공경하고 존중하여 부처님께 여쭈어 말하기를 잘 오셨습니다, 세존이시여.

잘 오셨습니다, 선서시여.

잘 오셨습니다, 여래·응공·정등각이시여.

오직 원컨대 어여삐 여기사 이 궁전에 거처하소서.

그때에 부처님이 청함을 받아 곧 보배의 궁전에 오르시니

일체 시방에 부처님도 다 또한 이와 같이 하였습니다.

그때 야마천왕이 곧 스스로 과거 부처님의 처소에서 심은 바 선근을 기억하고 생각하여 부처님의 위신력을 받아 게송을 설하여 말하기를

명칭여래가 시방에 들리어
모든 길상 가운데 최고로 더 이상 없으시니
저 여래가 일찍이 이 마니 궁전에 들어갔기에
이런 까닭으로 이곳이 최고로 길상합니다.

보왕여래가 세간의 등불이 되어

모든 길상 가운데 최고로 더 이상 없으시니

저 여래가 일찍이 이 청정한 궁전에 들어갔기에

이런 까닭으로 이곳이 최고로 길상합니다.

희목여래가 보는 것이 걸림이 없어서

모든 길상 가운데 최고로 더 이상 없으시니

저 여래가 일찍이 이 장엄 궁전에 들어갔기에

이런 까닭으로 이곳이 최고로 길상합니다.

연등여래가 세간을 비추어

모든 길상 가운데 최고로 더 이상 없으시니

저 여래가 일찍이 이 수승한 궁전에 들어갔기에

이런 까닭으로 이곳이 최고로 길상합니다.

요익여래가 세간을 이익하여

모든 길상 가운데 최고로 더 이상 없으시니

저 여래가 일찍이 이 때 없는 궁전에 들어갔기에

이런 까닭으로 이곳이 최고로 길상합니다.

선각여래가 스승이 없어서

모든 길상 가운데 최고로 더 이상 없으시니

저 여래가 일찍이 이 보배향 궁전에 들어갔기에

이런 까닭으로 이곳이 최고로 길상합니다.

승천여래가 세간 가운데 등불이 되어

모든 길상 가운데 최고로 더 이상 없으시니

저 여래가 일찍이 이 묘한 향의 궁전에 들어갔기에

이런 까닭으로 이곳이 최고로 길상합니다.

무거여래가 논리 가운데 영웅이 되어

모든 길상 가운데 최고로 더 이상 없으시니

저 여래가 일찍이 이 보안의 궁전에 들어갔기에
이런 까닭으로 이곳이 최고로 길상합니다.

무승여래가 수많은 공덕을 구족하여
모든 길상 가운데 최고로 더 이상 없으시니
저 여래가 일찍이 이 잘도 장엄된 궁전에 들어갔기에
이런 까닭으로 이곳이 최고로 길상합니다.

고행여래가 세간을 이익케 하여
모든 길상 가운데 최고로 더 이상 없으시니
저 여래가 일찍이 이 널리 장엄된 궁전에 들어갔기에
이런 까닭으로 이곳이 최고로 길상합니다.

　이 세계 가운데 야마천왕이 부처님의 위신력을
받아 지나간 옛날에 모든 부처님의 공덕을 기억하여
생각하고 칭양하여 찬탄하는 것과 같이 시방세계에

야마천왕도 다 또한 이와 같이 부처님의 공덕을
찬탄합니다.

그때 세존이 마니로 장엄한 궁전에 들어가 보배
연꽃으로 갈무리한 사자의 자리 위에 결가부좌하고
앉으시니
이 궁전이 홀연히 넓어져 너그럽게 수용하는 것이
마치 그 천중들의 모든 머무는 바 처소와 같으며
시방세계에도 다 또한 이와 같았습니다.

야마천궁게찬품 ①

그때에 부처님의 위신력인 까닭으로

   시방에 각각 한 사람의 큰 보살이 있어서

   낱낱이 각각 부처님의 국토에 작은 티끌 수만치

많은 보살로 더불어 함께하여

   십만 부처님의 국토에 작은 티끌 수만치 많은

국토 밖에 모든 세계 가운데로 좇아 와서 모이니

   그 이름을 말하면 공덕숲 보살과

   지혜숲 보살과

   수승한 숲 보살과

   두려움이 없는 숲 보살과

   부끄러워하는 숲 보살과

   정진숲 보살과

힘 있는 숲 보살과

수행의 숲 보살과

깨달음의 숲 보살과

지혜숲 보살이요

이 모든 보살의 좇아온 바 국토는 말하자면 친한

지혜세계와

　　당기지혜세계와

　　보배지혜세계와

　　수승한 지혜세계와

　　등불지혜세계와

　　금강지혜세계와

　　안락한 지혜세계와

　　햇빛지혜세계와

　　청정한 지혜세계와

　　청정한 범행梵行지혜세계이며

이 모든 보살이 각각 저 부처님의 처소에서 청정하

154

게 범행을 닦았으니,

　말하자면 항상 머무는 눈동자 부처님과

　이길 수 없는 눈동자 부처님과

　머물지 않는 눈동자 부처님과

　움직이지 않는 눈동자 부처님과

　하늘 눈동자 부처님과

　해탈의 눈동자 부처님과

　잘 찾아 살피는 눈동자 부처님과

　밝은 모습 눈동자 부처님과

　최상의 눈동자 부처님과

　검푸른 눈동자 부처님입니다.

　이 모든 보살이 부처님의 처소에 이른 이후에
부처님의 발에 정례하고

　좇아온 바 방소를 따라 각각 마니로 갈무리한
사자의 자리를 변화하여 지어서 그 자리 위에 결가부

좌하고 앉으니

이 세계 가운데 야마천상에 보살이 와서 모인 것과 같이 일체 세계에도 다 또한 이와 같이 하였으며

그 모든 보살의 세계와 여래가 가지고 있는 바 이름도 다 같아 다름이 없었습니다.

그때 세존이 두 발 위로 좇아 백천억 묘한 색광명을 놓아서 널리 시방의 일체 세계에 야마천궁 가운데 부처님과 그리고 대중을 비추어 다 나타내지 아니함이 없으시니

그때에 공덕숲 보살이 부처님의 위신력을 받아 널리 시방을 관찰하고 게송을 설하여 말하기를

부처님이 큰 광명을 놓아
널리 시방세계를 비추시니
모두 다 천인의 세존이
통달하여 장애가 없음을 봅니다.

부처님이 야마천궁에 앉아서

널리 시방세계에 두루하시니

이 사실이 매우 기특하여

세간에 희유한 바입니다.

수야마천왕이

게송으로 열 분의 여래를 찬탄하니

이 회중에서 보는 바와 같이

일체 처소에서도 다 그렇게 봅니다.

저 모든 보살의 대중이

다 우리 등의 이름과 같아서

시방의 일체 처소에서

더 이상 없는 법을 연설합니다.

좇아온 바 모든 세계의

이름도 또한 다름이 없나니
각각 그 부처님의 처소에서
청정하게 범행을 닦습니다.

저 모든 여래 등의
이름도 다 같으며
국토도 다 풍족하고 즐거우며
신력도 다 자재합니다.

시방의 일체 처소에서
다 말하기를 부처님이 여기에 계신다 하니
혹 인간에 계심을 보며
혹 천궁에 머무심을 봅니다.

여래가 널리
일체 모든 국토에 편안히 머무시거늘

우리 등은 지금에 부처님이
이 천궁전에 거처하심을 봅니다.

옛날에 보리의 서원을 일으켜
널리 시방세계에까지 미치게 하였기에
이런 까닭으로 부처님의 위신력이
충만하여 사의하기 어렵습니다.

세간에 탐착하는 바를 멀리 떠나
끝없는 공덕을 구족하였기에
그런 까닭으로 신통력을 얻어
중생으로 보지 아니함이 없게 합니다.

시방세계에 노니시되
허공과 같아 걸리는 바가 없으시니
한 몸에 한량없는 몸

그 모습 가히 얻을 수 없습니다.

부처님의 공덕은 끝이 없거니
어떻게 가히 측량하여 알 수 있겠습니까.
머문 적도 없고 또한 간 적도 없지만
널리 법계에 들어가십니다.

　그때에 지혜숲 보살이 부처님의 위신력을 받아
널리 시방을 관찰하고 게송을 설하여 말하기를

세간의 대도사요
번뇌의 때를 떠난 더 이상 없는 세존은
가히 사의할 수 없는 세월에도
가히 만남을 얻기가 어렵습니다.

부처님이 큰 광명을 놓아

세간에 보지 않는 사람이 없게 하시며
중생을 위하여 널리 법문을 열어 연설하여
모든 중생을 요익케 하십니다.

여래가 세간에 출현하여
세간을 위하여 어리석음의 어둠을 제멸하시니
이와 같은 세간의 등불은
희유하여 가히 보기 어렵습니다.

이미 보시와 지계와 인욕과
정진과 그리고 선정과
반야바라밀을 닦아서
이것으로써 세간을 비추십니다.

여래는 더불어 같을 이가 없어서
비교할 자를 구하여도 가히 얻을 수 없나니

법의 진실함을 요달하지 못한다면
능히 친견함을 얻을 수 없을 것입니다.

부처님의 몸과 그리고 신통이
자재하여 사의하기 어려우며
간 적도 없고 또한 온 적도 없지만
법을 설하여 중생을 제도하십니다.

만약 어떤 사람이라도
청정한 인천의 스승을 보거나 듣기만 한다면
영원히 모든 악취에서 벗어나
일체의 고통을 버리게 될 것입니다.

한량도 없고 수도 없는 세월에
보리의 행을 닦아 익혔을지라도
능히 이 뜻을 알지 못한다면

가히 성불함을 얻을 수 없을 것입니다.

가히 사의할 수 없는 세월에
한량없는 부처님께 공양하였을지라도
만약 능히 이 뜻을 안다면
공덕이 저 공덕보다 초승할 것입니다.

한량없는 국토에 진기한 보배를
그 가운데 가득 채워 부처님께 보시할지라도
능히 이 뜻을 알지 못한다면
마침내 보리를 이루지 못할 것입니다.

그때에 수승한 숲 보살이 부처님의 위신력을 받아
널리 시방을 관찰하고 게송을 설하여 말하기를

비유하자면 초여름철에

허공이 맑아 구름이 없다면

뜨거운 태양이 빛을 드날려

시방에 충만케 아니함이 없는 것과 같습니다.

그 광명이 한량이 없어

능히 측량하여 알 수 없나니

눈이 있는 사람도 오히려 그러하거든

어찌 하물며 눈이 어두운 사람이겠습니까.

모든 부처님도 또한 이와 같아서

공덕이 끝이 없나니

가히 사의 할 수 없는 세월에도

능히 분별하여 알 수가 없습니다.

모든 법은 온 곳도 없으며

또한 능히 만든 자도 없으며

좇아온 곳도 생기한 곳도 없기에
가히 분별함을 얻을 수 없습니다.

일체법은 온 적이 없기에
이런 까닭으로 생기한 적도 없으며
생기한 적이 없는 까닭으로
사라진 적도 또한 가히 얻을 수 없습니다.

일체법은 생기한 적이 없으며
또한 다시 사라진 적도 없나니
만약 능히 이와 같이 안다면
이 사람은 여래를 볼 것입니다.

모든 법은 생기한 적이 없는 까닭으로
자성도 있는 바가 없나니
이와 같이 분별하여 안다면

이 사람은 깊은 뜻을 요달할 것입니다.

모든 법은 자성이 없는 까닭으로
능히 요달하여 알 것이 없나니
이와 같이 법을 안다면
구경에 알 바조차 없을 것입니다.

생기한 적이 있다고 설하는 바는
현재 모든 국토로써 말하는 것이니
능히 국토의 자체성을 안다면
그 마음이 미혹하지 아니할 것입니다.

세간에 국토의 자체성이
다 여실한 줄 관찰할 것이니
만약 능히 여기에서 안다면
일체의 의리를 잘 설할 것입니다.

그때에 두려움이 없는 숲 보살이 부처님의 위신력을
받아 널리 시방을 관찰하고 게송을 설하여 말하기를

여래의 광대한 몸은
법계에 끝까지 두루하기에
이 자리를 떠나지 않고
일체 처소에 두루하십니다.

만약 이와 같은 법을 듣고
공경하고 믿고 좋아하는 사람이라면
영원히 삼악도의
일체 모든 고난을 떠나게 될 것입니다.

설사 모든 세계의
한량도 없고 가히 헤아릴 수도 없는 곳에 간다 할지
라도

오롯한 마음으로

여래의 자재하신 힘을 듣고자 할 것입니다.

이와 같은 모든 불법은

이 무상보리이기에

가사 잠깐만 듣고자 할지라도

능히 들음을 얻을 자가 없습니다.

만약 어떤 사람이 과거에

이와 같은 불법을 믿었다면

이미 양족존을 이루어

세간의 등불이 되었을 것입니다.

만약 어떤 사람이 당래에

여래의 자재한 힘에 대하여 얻어 듣고

들은 이후에 능히 믿음을 낸다면

저도 또한 마땅히 부처를 이룰 것입니다.

만약 어떤 사람이 현재에

능히 이 불법을 믿는다면

또한 마땅히 정각을 이루어

법을 설함에 두려워할 바가 없을 것입니다.

한량없고 헤아릴 수 없는 세월에도

이 법은 매우 만나기 어렵나니

만약 얻어 듣는 사람이 있다면

마땅히 본래 서원의 힘인 줄 알아야 할 것입니다.

만약 어떤 사람이 능히

이와 같은 모든 불법을 받아 가지고

받아 가진 이후에 널리 선설한다면

이 사람은 마땅히 부처를 이룰 것입니다.

하물며 다시 부지런히 정진하여
견고한 마음을 버리지 아니함이겠습니까.
마땅히 알아야 합니다. 이와 같은 사람은
결정코 보리를 이룰 것입니다.

그때에 부끄러워하는 숲 보살이 부처님의 위신력
을 받아 널리 시방을 관찰하고 게송을 설하여 말하
기를

만약 어떤 사람이
이 희유하고 자재한 법을 얻어 듣고
능히 환희심을 낸다면
빨리 의혹의 그물을 제멸할 것입니다.

일체를 알아보는 사람이
스스로 이와 같은 말을 설하되

여래는 알지 못함이 없기에

이런 까닭으로 사의하기 어렵다 하였습니다.

무지無智로 좇아

지혜를 생기하는 것은 있을 수는 없나니

세간은 무지하여 항상 어둡기에

이런 까닭으로 능히 지혜를 생기할 수 없습니다.

마치 색과 그리고 비색은

이 둘이 하나가 될 수 없는 것과 같아서

지혜와 무지도 또한 그러하여

그 자체가 각각 다릅니다.

마치 상相과 더불어 무상無相과

생사와 그리고 열반은

분별함에 각각 같지 않는 것과 같아서

지혜와 무지도 이와 같습니다.

세계가 처음 성립함에
패괴敗壞되는 모습이 없는 것과 같아서
지혜와 무지도 또한 그러하여
이상二相이 일시가 아닙니다.

마치 보살의 초심은
후심後心으로 더불어 함께할 수 없는 것과 같아서
지혜와 무지도 또한 그러하여
이심二心이 동시가 아닙니다.

비유하자면 모든 식과 몸은
각각 화합할 수 없는 것과 같아서
지혜와 무지도 이와 같아서
구경에 화합할 수 없습니다.

172

마치 아가타약이

능히 일체 독을 멸제하는 것과 같아서

지혜 있는 사람도 또한 이와 같아서

능히 무지를 멸제합니다.

여래는 더 이상 없는 존재이며

또한 더불어 같을 수 없는 존재이며

일체 능히 비교할 수 없는 존재이기에

이런 까닭으로 만나기 어려운 것입니다.

　그때에 정진숲 보살이 부처님의 위신력을 받아

널리 시방을 관찰하고 게송을 설하여 말하기를

모든 법이 차별이 없는 것을

능히 알 사람도 없고

오직 부처님과 더불어 부처님만이 아시나니

지혜가 구경인 까닭입니다.

마치 금과 더불어 금색이
그 체성이 차별이 없는 것과 같아서
법과 비법도 또한 그러하여
그 체성이 다름이 없습니다.

중생과 비중생이
둘 다 함께 진실이 없나니
이와 같이 모든 법성이
진실한 뜻이 함께 있지 않습니다.

비유하자면 미래 세상에는
과거의 모습이 없는 것과 같아서
모든 법도 또한 이와 같아서
일체 모습이 없습니다.

비유하자면 생멸의 모습이

가지가지가 다 진실하지 않는 것과 같아서

모든 법도 또한 이와 같아서

자성이 있는 바가 없습니다.

열반은 가히 취할 수 없지만

말할 때는 두 가지가 있는 것과 같아서

모든 법도 또한 다시 그러하여

분별함에 다름이 있는 것입니다.

마치 헤아릴 바 물건을 의지하여

능히 헤아리는 사람이 있는 것과 같아서

저 자체성은 있는 바가 없는 것이니

이와 같이 법을 요달하여 알아야 할 것입니다.

비유하자면 수를 계산하는 법이

하나를 더하여 한량이 없는 데 이르는 것과 같아서
수를 계산하는 법이 자체성이 없지만
지혜를 인유한 까닭으로 차별이 있습니다.

비유하자면 모든 세간이
겁소劫燒로 마침내 다함이 있지만
허공은 무너짐이 없는 것과 같아서
부처님의 지혜도 또한 이와 같습니다.

시방의 중생이
각각 허공의 모습을 취하는 것과 같아서
모든 부처님도 또한 이와 같이 하나니
세간이 허망하게 분별할 뿐입니다.

야마천궁게찬품②

그때에 힘 있는 숲 보살이 부처님의 위신력을 받아

널리 시방을 관찰하고 게송을 설하여 말하기를

일체중생의 세계가

다 삼세 가운데 있고

삼세의 모든 중생이

다 오온 가운데 머뭅니다.

오온은 업이 근본이 되고

모든 업은 마음이 근본이 되나니

마음과 법이 오히려 환과 같아서

세간도 또한 이와 같습니다.

세간은 스스로 만든 것도 아니며
또한 다시 다른 사람이 만든 것도 아니지만
그러나 그 세간은 이루어짐이 있음을 얻으며
또한 다시 무너짐이 있음을 얻습니다.

세간이 비록 이루어짐이 있으며
세간이 비록 무너짐이 있지만
세간을 요달한 사람은
이 두 가지를 응당 말하지 않습니다.

어떤 것을 세간이라 하며
어떤 것을 세간이 아니라 합니까.
세간이라 하고 세간이 아니라 하는 것은
다만 이 이름만 차별할 뿐입니다.

삼세에 오온법은

이름을 세간이라 하고
저 오온이 사라진 것은 세간이 아니라 말하는 것이니
이와 같이 다만 거짓으로 이름하였을 뿐입니다.

어떤 것을 오온이라 말하며
오온은 무슨 성품이 있습니까.
오온의 자체성은 가히 사라지지 않기에
이런 까닭으로 생기한 적이 없다 말하는 것입니다.

이 오온을 분별한다면
그 자체성이 본래 공적하며
공적한 까닭으로 가히 사라지지 않나니
이것이 이 생기함이 없는 뜻입니다.

중생이 이미 이와 같다면
모든 부처님도 또한 다시 그러하나니

부처님과 그리고 모든 부처님의 법은
자성이 있는 바가 없습니다.

능히 이 모든 법이
여실하여 전도되지 아니한 줄 안다면
일체를 알아보는 사람이
항상 그 앞에 나타나 있을 것입니다.

　　그때에 수행의 숲 보살이 부처님의 위신력을 받아
널리 시방을 관찰하고 게송을 설하여 말하기를

비유하자면 시방세계에
일체 모든 지대종地大種이
자성이 있는 바가 없지만
곳곳마다 두루하지 아니함이 없는 것과 같아서

부처님의 몸도 또한 이와 같아서

널리 모든 세계에 두루하지만

가지가지 모든 색상이

머무는 곳도 없고 온 곳도 없습니다.

다만 모든 업을 쓴 까닭으로

이름을 중생이라 설하지만

또한 중생을 떠나서

업 가히 얻을 것이 없습니다.

업의 자성은 본래 공적하여

중생이 의지하는 바에

널리 수많은 색상을 만들지만

또한 다시 온 곳이 없습니다.

이와 같은 모든 색상과

업의 힘을 사의하기 어렵나니
그 근본을 요달한다면
그 가운데는 볼 바가 없습니다.

부처님의 몸도 또한 이와 같아서
가히 사의함을 얻을 수 없지만
가지가지 모든 색상으로
널리 시방의 세계에 나타나십니다.

몸도 또한 이 부처님이 아니며
부처님도 또한 이 몸이 아니지만
다만 법으로써 몸을 삼아
일체법을 통달하십니다.

만약 능히 부처님의 몸이
청정하여 법의 자성과 같은 줄 본다면

이 사람은 부처님과 법에
일체 의혹이 없을 것입니다.

만약 일체법이
본성이 열반과 같은 줄 본다면
이 사람은 곧 여래가
구경에 머무는 바가 없는 줄 볼 것입니다.

만약 바른 생각을 닦아 익혀
정각이 모습도 없고 분별도 없는 줄
분명히 요달하여 본다면
이 사람의 이름을 법왕자라 할 것입니다.

그때에 깨달음의 숲 보살이 부처님의 위신력을
받아 두루 시방을 관찰하고 게송을 설하여 말하기를

비유하자면 화가가

모든 채색을 분포하는 것과 같아서

허망하게 다른 모습을 취하지만

사대종은 차별이 없습니다.

사대종 가운데는 색상이 없고

색상 가운데는 사대종이 없지만

또한 사대종을 떠나서

색상을 가히 얻을 수 있는 것이 아닙니다.

마음 가운데 채색한 그림도 없고

채색한 그림 가운데 마음도 없지만

그러나 마음을 떠나서

채색한 그림을 가히 얻을 수 있는 것이 아닙니다.

저 마음이 항상 머물지 아니하여

한량도 없고 사의하기도 어렵기에

일체 색상을 나타내지만

각각 서로 알지 못합니다.

비유하자면 화가가

능히 자기의 마음을 알지 못하지만

마음을 인유한 까닭으로 그림을 그리는 것과 같아서

모든 법의 자체성도 이와 같습니다.

마음은 화가가

능히 모든 세간을 그리는 것과 같아서

오온도 다 그로 좇아 생기하여

법마다 만들지 아니함이 없습니다.

마음과 같아서 부처도 또한 그러하며

부처와 같아서 중생도 그러하나니

응당히 부처와 더불어 마음이

자체성이 다 끝이 없는 줄 알아야 할 것입니다.

만약 어떤 사람이 마음의 행위가

널리 모든 세간을 만드는 줄 안다면

이 사람은 곧 부처를 보아

부처의 진실한 자성을 요달할 것입니다.

마음은 몸에 머물지 아니하며

몸도 또한 마음에 머물지 않지만

그러나 능히 불사를 짓나니

그 자재함이 일찍이 있은 적이 없습니다.

만약 어떤 사람이

삼세의 일체 부처님을 요달하여 알고자 한다면

응당 법계의 자성에

일체가 오직 마음으로 만들어지는 줄 관찰할 것입니다.

그때에 지혜숲 보살이 부처님의 위신력을 받아 널리 시방을 관찰하고 게송을 설하여 말하기를

취할 바에 가히 취할 수 없으며
볼 바에 가히 볼 수 없으며
들을 바에 가히 들을 수 없나니
한마음은 사의할 수 없습니다.

한량이 있는 것과 그리고 한량이 없는 것을
둘 다 함께 가히 취할 수 없나니
만약 어떤 사람이라도 취하고자 한다면
필경에 얻을 바가 없을 것입니다.

응당 말하지 말아야 할 것이지만 말하는 것은

이것은 스스로 속은 것이 되나니

자기 일도 성취하지 못하고

중생으로 하여금 환희케 할 수는 없습니다.

어떤 사람이 여래의

끝없는 묘한 색신을 칭찬하고자 하여

수없는 세월이 다하도록 할지라도

능히 다 칭찬하여 기술할 수 없을 것입니다.

비유하자면 수의주隨意珠가

능히 일체 색상을 나타내지만

색상이 없는 곳에서 색상을 나타내는 것과 같아서

모든 부처님도 또한 이와 같습니다.

또 청정한 허공은

색상이 아니어서 가히 볼 수 없기에

비록 일체 색상을 나타내지만

능히 허공을 볼 자가 없는 것과 같아서

모든 부처님도 또한 이와 같아서

널리 한량없는 색신을 나타내지만

마음으로 행할 바 처소가 아니기에

일체중생이 능히 볼 수 없습니다.

비록 여래의 음성을 듣지만

음성은 여래가 아니며

또한 음성을 떠나서

능히 정등각을 알 수 있는 것도 아닙니다.

보리는 온 적도 간 적도 없고

일체 분별을 떠났거니

어떻게 이 가운데

스스로 말하기를 능히 봄을 얻는다 하겠습니까.

모든 부처님은 법이 없거니

부처님이 어찌 법을 설함이 있겠습니까.

다만 그들의 자심을 따라

이와 같은 법을 설한다고 말할 뿐입니다.

십행품 ①

그때에 공덕숲 보살이 부처님의 위신력을 받아 보살의 잘 사유하는 삼매에 들어갔습니다.

삼매에 들어간 이후에 시방에 각각 일만 부처님의 세계에 작은 티끌 수만치 많은 세계 밖을 지나서 일만 부처님의 세계에 작은 티끌 수만치 많은 모든 부처님이 있으니 다 이름이 공덕숲입니다.

그 부처님들이 공덕숲 보살 앞에 나타나 공덕숲 보살에게 일러 말씀하시기를 착합니다, 불자여. 이에 능히 이 잘 사유하는 삼매에 들어갔습니다.

선남자여, 이것은 시방에 각각 일만 부처님의 세계에 작은 티끌 수만치 많은 같은 이름의 모든 부처님이 함께 그대에게 가피하시며 또한 비로자나 여래의 지나간 옛날에 서원하신 힘과 위의 신통의 힘과 그리고 모든 보살 대중의 선근의 힘으로써 그대로 하여금 이 삼매에 들어가 법을 연설케 하려는 것이니

부처님의 지혜를 증장케 하기 위한 까닭이며

법계에 깊이 들어가게 하기 위한 까닭이며

중생의 세계를 요달하여 알게 하기 위한 까닭이며

들어가는 바가 걸림이 없게 하기 위한 까닭이며

행하는 바가 장애가 없게 하기 위한 까닭이며

한량없는 방편을 얻게 하기 위한 까닭이며

일체 지혜의 자성을 섭취하게 하기 위한 까닭이며

일체 모든 법을 깨닫게 하기 위한 까닭이며

일체 모든 근성을 알게 하기 위한 까닭이며

능히 일체법을 가져 설하게 하기 위한 까닭이니

말하자면 모든 보살의 열 가지 행을 발기하게 하기 위한 것입니다.

선남자여, 그대는 마땅히 부처님의 위신력을 받아 이 법을 연설할 것입니다.

이때에 모든 부처님이 곧 공덕숲 보살에게 걸림이 없는 지혜와

집착이 없는 지혜와

단절함이 없는 지혜와

스승이 없는 지혜와

어리석음이 없는 지혜와

다름이 없는 지혜와

망실함이 없는 지혜와

한량이 없는 지혜와

이길 수 없는 지혜와

게으름이 없는 지혜와

빼앗을 수 없는 지혜를 주시니

무슨 까닭인가.

이 삼매의 힘이 법이 이와 같은 까닭입니다.

그때에 모든 부처님이 각각 오른손을 펴 공덕숲 보살의 정수리를 만지시니

그때에 공덕숲 보살이 곧 삼매로 좇아 일어나

모든 보살에게 일러 말하기를 불자여, 보살의 행은 가히 사의할 수 없으며 법계와 허공계로 더불어 평등하나니

무슨 까닭인가.

보살마하살이 삼세에 모든 부처님을 배워 수행한 까닭입니다.

불자여, 어떤 등이 이 보살마하살의 행인가.

불자여, 보살마하살이 열 가지 행이 있나니 삼세에 모든 부처님이 선설하신 바입니다.

어떤 등이 열 가지가 되는가.

첫 번째는 환희케 하는 행이요

두 번째는 요익케 하는 행이요

세 번째는 어기거나 거역함이 없는 행이요

네 번째는 굴복하거나 꺾임이 없는 행이요

다섯 번째는 어리석거나 산란함이 없는 행이요

여섯 번째는 잘 나타나는 행이요

일곱 번째는 주착함이 없는 행이요

여덟 번째는 얻기 어려운 행이요

아홉 번째는 잘 법을 설하는 행이요

열 번째는 진실한 행이니,

이것이 열 가지가 됩니다.

불자여, 어떤 등이 보살마하살의 환희케 하는 행이 되는가.

불자여, 이 보살이 큰 시주가 되어서 무릇 있는 바 물건을 다 능히 보시하되

그 마음이 평등하여 후회도 아낌도 없으며

과보도 바라지 아니하며

이름도 구하지 아니하며

이양도 탐하지 아니하고

다만 일체중생을 구호하기 위하며

일체중생을 섭수하기 위하며

일체중생을 요익하기 위하며

모든 부처님이 본래 수행하신 바를 배워 익히기 위하며

모든 부처님이 본래 수행하신 바를 기억하여 생각하기 위하며

모든 부처님이 본래 수행하신 바를 사랑하고 좋아하기 위하며

모든 부처님이 본래 수행하신 바를 청정케 하기 위하며

모든 부처님이 본래 수행하신 바를 증장하기 위하며

모든 부처님이 본래 수행하신 바를 주지하기 위

하며

모든 부처님이 본래 수행하신 바를 나타내기 위하며

모든 부처님이 본래 수행하신 바를 연설하기 위하며

모든 중생으로 하여금 괴로움을 떠나 즐거움을 얻게 하기 위한 것입니다.

불자여, 보살마하살이 이 행을 닦을 때에 일체중생으로 하여금 환희하고 사랑하고 즐겁게 하려 하여 모든 시방 국토에 가난하고 궁핍한 사람이 있는 곳을 따라서 원력을 쓴 까닭으로 저 호귀豪貴한 대부大富의 재물과 보배가 다함이 없는 집에 가서 태어나되 가사 생각생각 가운데 한량없고 수없는 중생이 있어서 보살의 처소에 나아가 여쭈어 말하기를 어진 이여, 우리 등이 가난하고 궁핍하여 자생함에 넉넉

한 바가 없고 주리고 파리하고 피곤하고 괴로워 목숨이 장차 온전치 못할 듯하오니 오직 원컨대 자애한 마음으로 저에게 육신을 보시하여 저로 하여금 먹게 하여 이 목숨을 살게 하소서 한다면, 그때에 보살은 곧 문득 그 육신을 보시하여 그로 하여금 환희하여 마음에 만족을 얻게 하며

이와 같이 한량없는 백천 중생이 와서 구걸할지라도 보살은 저 중생에게 일찍이 물러나거나 겁내는 모습이 없고 다만 다시 자비한 마음만 증장할 뿐입니다.

이런 까닭으로 중생이 다 와서 구걸함에 보살이 보고 배로 다시 환희하여 이와 같이 생각을 하되 나는 좋은 이익을 얻었다.

이런 등의 중생은 이 나의 복전이며 이 나의 선지식이다.

구하지 않고 청하지 않았지만 와서 나로 하여금

불법 가운데 들어가게 하나니,

내가 지금 응당히 이와 같이 수확하여 일체중생의 마음을 어기지 아니할 것이다 하였습니다.

또 이와 같은 생각을 하기를 원컨대 내가 이미 지었고 현재에 짓고 당래에 지을 있는 바 선근으로 나로 하여금 미래에 일체 세계의 일체중생 가운데 광대한 몸을 받아 이 육신으로써 일체 굶주려 괴로워 하는 중생을 충족케 하며

내지 만약 한 작은 중생이라도 배부름에 만족을 얻지 못한 자가 있다고 한다면 원컨대 목숨도 버리지 않을 것이며 할절할 바 육신도 또한 끝이 없이 할 것이다 하였습니다.

이 선근으로써 원컨대 내가 아뇩다라삼먁삼보리 를 얻어 대열반을 증득하며,

원컨대 모든 중생이 나의 육신을 먹을지라도 또한

아뇩다라삼먁삼보리를 얻어 평등한 지혜를 얻고 모든 불법을 갖추어 널리 불사를 지으며,

내지 무여열반에 들어가되 만약 한 중생이라도 마음에 만족을 얻지 못한 자가 있다고 한다면 나는 마침내 아뇩다라삼먁삼보리를 증득하지 않을 것이다 하여

보살이 이와 같이 중생을 이익케 하지만 나라는 생각과 중생이라는 생각과 있다는 생각과 목숨이라는 생각과 가지가지라는 생각과 보특가라라는 생각과 사람이라는 생각과 마납파라는 생각과 짓는 자라는 생각과 받는 자라는 생각이 없고

다만 법계와 중생계의 끝도 경계도 없는 법과 공한 법과

있는 바가 없는 법과

모습이 없는 법과

자체가 없는 법과

처소가 없는 법과

의지할 것이 없는 법과

조작할 것이 없는 법만을 관찰하나니

이와 같이 관찰함을 지을 때에 자신도 보지 아니
하며

보시하는 물건도 보지 아니하며

받는 자도 보지 아니하며

복밭도 보지 아니하며

업도 보지 아니하며

보報도 보지 아니하며

과果도 보지 아니하며

작은 과도 보지 아니하며

큰 과도 보지 아니합니다.

그때에 보살이 과거 미래 지금에 일체중생의 받은
바 몸을 찾아봄에 곧 괴멸함을 관찰하고 문득 이와

같은 생각을 하기를 기이하다, 중생이여. 어리석어 지혜가 없어서 나고 죽는 안에 수없는 몸을 받고도 위태롭고 취약하여 오래 머물지 못하고 속히 괴멸함에 돌아가되 혹은 이미 괴멸하였고 혹은 지금 괴멸하고 혹은 당래에 괴멸할 것이었거늘 견고하지 못한 몸으로써 견고한 몸을 구하지 않나니

내가 마땅히 모든 부처님께서 배우신 바를 다 배워서 일체 지혜를 증득하고 일체법을 알아 모든 중생을 위하여 삼세가 평등하여 적정을 수순하는 괴멸하지 않는 법성을 설하여 그 중생으로 하여금 영원히 안은하고 쾌락함을 얻게 하리라 하였나니

불자여, 이것이 이름이 보살마하살의 제일 첫 번째 환희케 하는 행입니다.

불자여, 어떤 등이 보살마하살의 요익케 하는 행이 되는가.

이 보살이 청정한 계를 호지하여 색상과 소리와 향기와 맛과 촉감에 마음이 염착하는 바가 없고 또한 중생을 위하여 이와 같이 선설하기를

위세를 구하지도 아니하며 종족을 구하지도 아니하며 부요함을 구하지도 아니하며 색상을 구하지도 아니하며 왕위를 구하지도 아니하여 이와 같이 일체에 다 염착하는 바가 없고

다만 청정한 계를 굳게 가져 이와 같은 생각을 하기를 내가 청정한 계를 가져 반드시 마땅히 일체 번뇌의 전박纏縛과 탐욕을 구하는 것과 열뇌와 모든 고난의 핍박과 훼방과 난탁亂濁을 버리고 부처님께서 찬탄하신 바 평등한 정법을 얻으리라 하였습니다.

불자여, 보살이 이와 같이 청정한 계를 가질 때에 하루 가운데 가사 수없는 백천억 나유타 모든 큰

악마가 보살의 처소에 나아가되 낱낱이 각각 한량없고 수없는 백천억 나유타 천녀를 거느리고 나아가다 오욕에 방편을 잘 행하며, 단정하고 예쁘고 곱게 하여 사람의 마음을 기울게 하고 현혹하며, 가지가지 진귀한 완구를 잡아 가지고 와서 보살도의 뜻을 현혹하고 산란하게 하고자 할지라도

그때에 보살은 이와 같은 생각을 하기를 이 오욕은 이 도법을 장애하며 내지 더 이상 없는 보리를 장애할 것이다 하여 이런 까닭으로 한 생각도 탐욕의 생각을 내지 아니하여 마음이 청정하기가 부처님과 같나니

오직 방편으로 중생을 교화하지만 일체 지혜의 마음을 버리지 않는 것만은 제외합니다.

불자여, 보살은 탐욕의 인연인 까닭으로는 한 중생도 뇌롭게 하지 않나니

차라리 몸과 목숨을 버릴지언정 끝내 중생을 뇌롭

게 하는 일을 짓지 않습니다.

　보살이 스스로 부처님을 얻어 친견한 이래로 일찍이 마음에 한 생각도 탐욕에 대한 생각을 내지 않았거든 어찌 하물며 사실을 좇아 행하겠는가.

　만약 혹시라도 사실을 좇아 행한다면 옳을 곳이 없습니다.

　그때 보살이 다만 이와 같은 생각을 하기를 일체중생이 긴 밤중에 오욕을 생각하고 생각하며

　오욕에 나아가 향하며

　오욕을 탐착하며

　그 오욕에 마음이 결정하며

　오욕을 즐기고 물들며

　오욕에 빠지며

　그 오욕을 따라 유전하며

　오욕에 자재함을 얻지 못하나니

　내가 지금 응당히 이 모든 마군과 그리고 모든

천녀와 모든 중생으로 하여금 더 이상 없는 계율에 머물게 하며 청정한 계율에 머문 이후에는 일체 지혜에 마음이 물러나지 아니하여 아뇩다라삼먁 삼보리를 얻고 내지 무여열반에 들어가게 할 것입니다.

무슨 까닭인가.

이것은 우리 등이 응당해야 할 가업이니 응당히 모든 부처님을 따라서 이와 같이 수학해야 하기 때문입니다.

이와 같이 수학한 이후에는 모든 악행과 나라고 계교하는 무지함을 떠나고 지혜로써 일체 불법에 들어가서 중생을 위하여 설법하여 하여금 전도된 생각을 제멸하게 하지만

그러나 중생을 떠나 전도된 생각이 있지 않고 전도된 생각을 떠나 중생이 있지 아니하며

전도된 생각 안에 중생이 있지 않고 중생 안에

전도된 생각이 있지 아니하며

또한 전도된 생각이 이 중생이 아니고 또한 중생이 이 전도된 생각이 아니며

전도된 생각이 안의 법도 아니고 전도된 생각이 밖의 법도 아니며

중생이 안의 법도 아니고 중생이 밖의 법도 아니며

일체 모든 법이 허망하고 진실하지 아니하여 빨리 일어났다가 빨리 사라져 견고함이 없는 것이 꿈과 같고 그림자와 같으며 환상과 같고 변화와 같아서 어리석은 사람을 속여 미혹케 하는 줄 알아야 할 것입니다 하였나니

이와 같이 아는 사람은 곧 능히 일체 모든 행을 깨달아 알고 생사와 그리고 열반을 통달하여 부처님의 보리를 증득하며

스스로 제도를 얻고 다른 사람으로 하여금 제도를 얻게 하며

스스로 해탈하고 다른 사람으로 하여금 해탈케 하며

스스로 조복하고 다른 사람으로 하여금 조복케 하며

스스로 고요하고 다른 사람으로 하여금 고요하게 하며

스스로 안은하고 다른 사람으로 하여금 안은하게 하며

스스로 때를 여의고 다른 사람으로 하여금 때를 여의게 하며

스스로 청정하고 다른 사람으로 하여금 청정하게 하며

스스로 열반하고 다른 사람으로 하여금 열반하게 하며

스스로 쾌락하고 다른 사람으로 하여금 쾌락하게 할 것입니다.

불자여, 이 보살이 다시 이와 같은 생각을 하기를
내가 마땅히 일체 여래를 따라서

일체 세간의 행을 떠나며

일체 모든 불법을 구족하며

더 이상 없는 평등한 처소에 머물며

중생을 평등하게 관찰하며

경계를 분명하게 요달하며

모든 허물을 떠나며

모든 분별을 끊으며

모든 집착을 버리며

선교善巧로 벗어나며

마음은 항상 더 이상 없으며

말할 수 없으며

의지할 수 없으며

움직일 수 없으며

한량이 없으며

끝이 없으며

다함이 없으며

색상이 없으며

깊고 깊으며

지혜로움에 편안히 머물 것이다 하였으니

불자여, 이것이 이름이 보살마하살의 제 두 번째
요익케 하는 행입니다.

불자여, 어떤 등이 보살마하살의 어기거나 거역함
이 없는 행이 되는가.

이 보살이 항상 인욕의 법을 닦아 겸손하고 하심하
고 공경하여 스스로 해치지도 아니하며

다른 사람으로 해치게도 아니하며

둘을 다 해치지도 아니하며

스스로 취하지도 아니하며

다른 사람으로 취하게도 아니하며

둘을 다 취하지도 아니하며

스스로 집착하지도 아니하며

다른 사람으로 집착하게도 아니하며

둘을 다 집착하지도 아니하며

또한 명문과 이양을 탐구하지도 않고

다만 이와 같이 생각을 하기를 내가 마땅히 항상 중생을 위하여 법을 설하여 하여금 일체의 악을 떠나게 하며

탐욕과 성냄과 어리석음과 교만과 덮음과 감춤과 아낌과 질투와 아첨과 속임을 끊어 하여금 항상 인욕하고 유화함에 편안히 머물게 할 것이다 하였습니다.

불자여, 보살이 이와 같은 인욕의 법을 성취할 때에 가사 백천억 나유타 아승지 중생이 있어 그 처소에 와서 이르러 그 낱낱 중생이 백천억 나유타

아승지 입을 변화하여 만들고 낱낱 입에 백천억
나유타 아승지 말을 설출하되 말하자면 가히 기뻐할
수 없는 말과

선법이 아닌 말과

기쁜 마음으로 하지 않는 말과

가히 사랑할 수 없는 말과

어질지 않는 말과

성인의 지혜가 아닌 말과

성인과 상응하지 않는 말과

성인과 친근할 수 없는 말과

매우 가히 싫어할 말과

듣기 감당할 수 없는 말이니,

이와 같은 말로써 보살을 헐뜯고 욕하며

또 이 중생이 낱낱이 각각 백천억 나유타 아승지
손이 있어서 낱낱 손에 각각 백천억 나유타 아승지
병장기를 잡고 보살을 핍박하고 해치되

이와 같이 아승지 세월이 지나도록 일찍이 쉼 없이 하거든

보살이 이 지극히 큰 고초와 악독함을 만나 몸에 털이 다 서고 목숨이 장차 끊어지고자 할지라도 이와 같은 생각을 하여 말하기를 내가 이런 고통을 인하여 마음이 만약 움직이거나 혼란하다면 곧 스스로도 조복하지 못하며

스스로도 수호하지 못하며

스스로도 명료하지 못하며

스스로도 닦아 익히지 못하며

스스로도 바른 삼매에 들지 못하며

스스로도 고요하지 못하며

스스로도 애석하게 여기지 못하며

스스로도 집착을 낼 것이어니

어찌 능히 다른 사람으로 하여금 마음이 청정함을 얻게 하겠는가 하였습니다.

보살이 그때에 다시 이와 같은 생각을 하기를 내가 시작도 없는 세월로 좇아 생사에 머물러 모든 고뇌를 받았다 하여 이와 같이 사유하고 거듭 스스로 힘써 마음으로 하여금 청정하여 환희를 얻게 하며

잘 스스로 조복하고 섭수하여 스스로 능히 불법 가운데 편안히 머물게 하며

또한 중생으로 하여금 다 같이 이 법을 얻게 합니다.

다시 사유하기를 이 몸은 공적하여 아와 아소가 없으며

진실이 없으며

자성이 공하여 둘이 없으며

혹 괴로움도 혹 즐거움도 다 있는 바가 없나니,

모든 법이 공적한 까닭으로 내가 마땅히 알아 널리 사람을 위하여 설하여 모든 중생으로 하여금 이런 소견을 멸제하게 할 것이다.

이런 까닭으로 내가 지금 비록 고독苦毒을 만났지만 응당히 참고 받아들여야 할 것이니

자비로 중생을 생각하기 위한 까닭이며

중생을 요익케 하기 위한 까닭이며

중생을 안락케 하기 위한 까닭이며

중생을 어여삐 여기기 위한 까닭이며

중생을 섭수하기 위한 까닭이며

중생을 버리지 않기 위한 까닭이며

스스로 깨달음을 얻기 위한 까닭이며

다른 사람으로 하여금 깨닫게 하기 위한 까닭이며

마음이 퇴전하지 않기 위한 까닭이며

불도에 나아가 향하기 위한 까닭이다 하였나니,

이것이 이름이 보살마하살의 제 세 번째 어기거나 거역함이 없는 행입니다.

불자여, 어떤 등이 보살마하살의 굴복하거나 꺾임

이 없는 행이 되는가.

　이 보살이 모든 정진을 닦나니

　말하자면 제일가는 정진과

　큰 정진과

　수승한 정진과

　매우 수승한 정진과

　가장 수승한 정진과

　가장 묘한 정진과

　높은 정진과

　더 이상 높을 수 없는 정진과

　비등할 수 없는 정진과

　널리 두루하는 정진입니다.

　자성에 삼독이 없으며

　자성에 교만이 없으며

　자성에 덮고 감추는 것이 없으며

　자성에 아끼고 질투하는 것이 없으며

자성에 아첨하고 속이는 것이 없으며

자성에 스스로 부끄러워하여 마침내 한 중생이라 도 뇌롭게 하기 위한 까닭으로 정진을 행하는 것이 아닙니다.

다만 일체 번뇌를 끊기 위한 까닭으로 정진을 행하며

다만 일체 번뇌의 근본을 뽑기 위한 까닭으로 정진을 행하며

다만 일체 습기를 제멸하기 위한 까닭으로 정진을 행하며

다만 일체중생의 세계를 알기 위한 까닭으로 정진을 행하며

다만 일체중생이 이곳에서 죽어 저곳에 태어남을 알기 위한 까닭으로 정진을 행하며

다만 일체중생의 번뇌를 알기 위한 까닭으로 정진을 행하며

다만 일체중생의 마음에 좋아함을 알기 위한 까닭으로 정진을 행하며

다만 일체중생의 경계를 알기 위한 까닭으로 정진을 행하며

다만 일체중생의 제근諸根이 수승하고 하열함을 알기 위한 까닭으로 정진을 행하며

다만 일체중생의 마음 가는 곳을 알기 위한 까닭으로 정진을 행하며

다만 일체 법계를 알기 위한 까닭으로 정진을 행하며

다만 일체 불법의 근본 자성을 알기 위한 까닭으로 정진을 행하며

다만 일체 불법의 평등한 자성을 알기 위한 까닭으로 정진을 행하며

다만 삼세의 평등한 자성을 알기 위한 까닭으로 정진을 행하며

다만 일체 불법의 지혜 광명을 얻기 위한 까닭으로 정진을 행하며

다만 일체 불법의 지혜를 증득하기 위한 까닭으로 정진을 행하며

다만 일체 불법의 한 실상을 알기 위한 까닭으로 정진을 행하며

다만 일체 불법이 끝이 없음을 알기 위한 까닭으로 정진을 행하며

다만 일체 불법의 광대함과 결정함과 선교한 지혜를 얻기 위한 까닭으로 정진을 행하며

다만 일체 불법의 구절과 뜻을 분별하여 연설하는 지혜를 얻기 위한 까닭으로 정진을 행하는 것입니다.

불자여, 보살마하살이 이와 같은 정진행을 성취한 이후에 설사 어떤 사람이 말하기를 그대가 자못

능히 수없는 세계에 있는 바 중생의 낱낱 중생을 위한 까닭으로 아비지옥에서 수없는 세월을 지나도록 수많은 고통을 갖추어 받아 저 중생으로 하여금 낱낱이 수없는 모든 부처님이 세상에 출흥하심을 만나게 하며 부처님을 만나 친견한 까닭으로 수많은 즐거움을 갖추어 받게 하며 내지 무여열반에 들게 하여야 그대가 이에 마땅히 아뇩다라삼먁삼보리를 얻을 것이니 능히 그렇게 하겠는가 하면, 답하여 말하기를 나는 능히 그렇게 할 수 있다 할 것입니다.

설사 다시 어떤 사람이 이와 같은 말을 하기를 한량없는 아승지 대해大海가 있음에 그대가 마땅히 한 털끝으로 한 방울의 물조차 하여금 다하게 하며 한량없는 아승지 세계가 있음에 다 가루를 내어 티끌을 만들며 저 물방울과 그리고 티끌을 낱낱이 헤아려 그 수를 다 알아 중생을 위한 까닭으로 그런 아승지 세월을 지나도록 생각생각 가운데 고통을 받는 것이 끊어지지 않아야 한다 하여도 보살은 이 말을 들은 까닭으로 한 생각도 후회하거나 한탄하는 마음을 내지 않고 다만 다시 환희하여 용약함만 더 상승하여 깊이 스스로 경사하고 다행히 여겨 크고 좋은 이익을 얻었다 하겠는가 하면, 나의 원력인 까닭으로 저 중생으로 하여금 영원히 모든 고통에서 해탈케 하리다 할 것입니다.

보살이 여기에 행한 바 방편으로써 일체 세계 가운데 일체중생으로 하여금 이에 구경의 무여열반에 이르게 하나니,

이것이 이름이 보살마하살의 제 네 번째 굴복하거나 꺾임이 없는 행입니다.

십행품②

불자여, 어떤 등이 보살마하살의 어리석거나 산란함이 없는 행이 되는가.

이 보살이 정념을 성취하여 마음이 산란함이 없으며

견고하고 동요하지 아니하며

최상이고 청정하며

넓고 크고 한량이 없으며

미혹함이 없는 것입니다.

이 정념을 쓴 까닭으로

세간에 일체 언어를 잘 알고 출세간에 모든 법의 언설을 능히 가지나니

말하자면 능히 색법과 비색법의 언설을 가지며

능히 색의 자성을 건립하는 언설을 가지며

내지 능히 수·상·행·식의 자성을 건립하는 언설을 가짐에 마음이 어리석거나 산란함이 없으며

세간 가운데 이곳에서 죽고 저곳에서 태어남에 마음이 어리석거나 산란함이 없으며

태중에 들어가고 태중에서 나옴에 마음이 어리석거나 산란함이 없으며

보리의 뜻을 일으킴에 마음이 어리석거나 산란함이 없으며

선지식을 섬김에 마음이 어리석거나 산란함이 없으며

불법을 부지런히 닦음에 마음이 어리석거나 산란함이 없으며

마군의 일을 깨달아 앎에 마음이 어리석거나 산란함이 없으며

모든 마군의 업을 떠남에 마음이 어리석거나 산란

함이 없으며

가히 말할 수 없는 세월에 보살행을 닦음에 마음이
어리석거나 산란함이 없습니다.

이 보살이 이와 같은 한량없는 정념을 성취하여
한량없는 아승지세월 가운데 모든 부처님과 보살과
선지식의 처소를 좇아 정법을 듣나니
　　말하자면 깊고도 깊은 법과
　　넓고도 큰 법과
　　장엄한 법과
　　가지가지로 장엄한 법과
　　가지가지 명名과 구句와 문신文身을 연설하는 법과
　　보살의 장엄한 법과
　　부처님의 신력 광명의 더 이상 없는 법과
　　바로 결정한 지해(解)를 희망하는 청정한 법과
　　일체 세간에 집착하지 않는 법과

일체 세간을 분별하는 법과

깊고도 넓고 큰 법과

어리석음의 가리움을 떠나 일체중생을 비추어
아는 법과

일체 세간의 공법共法과

불공법不共法과

보살 지혜의 더 이상 없는 법과

일체 지혜의 자재한 법입니다.

보살이 이와 같은 법문을 들은 이후에 아승지세월
이 지나도록 잊지 않고 잃지 않아 마음에 항상 기억하
고 생각하여 잠깐도 끊어짐이 없었습니다.

무슨 까닭인가.

보살마하살이 한량없는 세월에 모든 행을 닦을
때에 끝내 한 중생이라도 뇌롭고 산란하게 하여
하여금 정념을 잃지 않게 하며 정법을 무너뜨리지

않고 선근을 끊지 아니하여 마음에 항상 광대한 지혜를 증장케 한 까닭입니다.

다시 이 보살마하살은 가지가지 음성으로 능히 미혹하거나 산란케 못하나니

말하자면 높고 큰 음성과

거칠고 탁한 음성과

지극히 사람으로 하여금 공포하게 하는 음성과

마음을 기쁘게 하는 음성과

마음을 기쁘지 않게 하는 음성과

이식耳識을 시끄럽고 산란하게 하는 음성과

육근을 꺾어 무너뜨리는 음성입니다.

이 보살은 이와 같은 등 한량도 없고 수도 없는 좋고 나쁜 음성을 듣기를 가사 아승지 세계에 충만하게 하여도 일찍이 한 생각 마음도 산란한 적이 있지 않았으니

말하자면 정념이 산란하지 않는 것과

경계가 산란하지 않는 것과

삼매가 산란하지 않는 것과

깊고도 깊은 법에 들어가는 것이 산란하지 않는 것과

보리의 행을 행하는 것이 산란하지 않는 것과

보리의 마음을 일으키는 것이 산란하지 않는 것과

모든 부처님을 기억하고 생각하는 것이 산란하지 않는 것과

진실한 법을 관찰하는 것이 산란하지 않는 것과

중생을 교화하는 지혜가 산란하지 않는 것과

중생을 청정케 하는 지혜가 산란하지 않는 것과

깊고도 깊은 뜻을 결정코 아는 것이 산란하지 않는 것입니다.

악업을 짓지 않는 까닭으로 악업의 장애가 없으며 번뇌를 일으키지 않는 까닭으로 번뇌의 장애가

없으며

법을 경만하지 않는 까닭으로 법의 장애가 없으며

정법을 비방하지 않는 까닭으로 과보의 장애가 없습니다.

불자여, 위에서 설한 바와 같이 이와 같은 등의 음성이 낱낱이 아승지 세계에 충만하여 한량도 없고 수도 없는 세월에 일찍이 끊어짐이 없이 다 능히 중생의 몸과 마음과 일체 육근을 무너뜨리고 산란하게 하여도 능히 이 보살의 마음은 무너뜨릴 수 없습니다.

보살이 삼매 가운데 들어가 성인의 법에 머물러 일체 음성을 사유하고 관찰하여 음성이 생기하고 머물고 사라지는 모습을 잘 알며

음성이 생기하고 머물고 사라지는 자성을 잘 아나니

이와 같이 들은 이후에 탐욕을 내지 아니하며

성냄을 일으키지 아니하며

생각을 잃지 아니하여 그 모습을 잘 취하되 물들거나 집착하지 아니하며

일체 음성이 다 있는 바가 없어서 진실로 가히 얻을 바가 없으며

지을 자가 없으며

또한 본제가 없으며

법계로 더불어 평등하며

차별이 없는 줄 압니다.

보살이 이와 같이 적정한 몸과 말과 뜻의 행을 성취하여 일체 지혜에 이르되 영원히 퇴전하지 아니하며

일체 모든 선정의 문에 잘 들어가서 모든 삼매가 동일한 체성임을 알며

일체법이 끝이 없음을 알며

일체법의 진실한 지혜를 알며

음성을 떠난 깊고도 깊은 삼매를 얻으며

아승지 모든 삼매의 문을 얻어서 한량없이 광대한 자비심을 증장하나니,

이때에 보살이 한 생각 가운데 수없는 백천삼매를 얻어서 이와 같은 음성을 듣지만 마음이 미혹하거나 산란하지 아니하여 그 삼매로 하여금 점점 다시 증장케 하고

이와 같은 생각을 하기를 내가 마땅히 일체중생으로 하여금 더 이상 없는 청정한 생각 가운데 편안히 머물러 일체 지혜에 퇴전하지 아니함을 얻으며

구경에 무여열반을 성취케 할 것이다 하나니,

이것이 이름이 보살마하살의 제 다섯 번째 어리석거나 산란함을 떠난 행입니다.

230

불자여, 어떤 등이 보살마하살의 잘 나타나는 행
이 되는가.

이 보살이 신업이 청정하며 어업이 청정하며 의업
이 청정하여 얻을 바가 없는 곳에 머물러 얻을 바가
없는 신업과 어업과 의업을 시현하나니

능히 삼업이 다 있는 바가 없으며,

허망함이 없는 까닭으로 매여 얽힘이 없으며,

무릇 시현하는 바가 자성도 없고 의지함도 없는
줄 압니다.

여실한 마음에 머물러 한량없는 마음의 자성을
알며

일체법의 자성이 얻을 것도 없고 모습도 없어서
깊고도 깊어 들어가기 어려운 줄 알며

바른 지위와 진여와 법성에 머물러 방편으로 출생
하지만 그러나 업보가 없어서 생겨난 적도 없고
사라진 적도 없으며

열반의 세계에 머물며 적정의 자성에 머물며 진실하여 자성이 없는 자성에 머물기에 언어의 길이 끊어지고 모든 세간을 초월하여 의지하는 바가 없습니다.

분별을 떠나 얽힘도 집착도 없는 법에 들어가며

가장 수승한 지혜의 진실한 법에 들어가며

모든 세간에서 능히 요달하여 알 바가 아닌 출세간의 법에 들어가나니,

이것이 이 보살의 선교방편으로 생기하는 모습을 시현하는 것입니다.

불자여, 이 보살이 이와 같은 생각을 하기를 일체 중생이 자성이 없는 것으로 자성을 삼으며

일체 모든 법이 조작이 없는 것으로 자성을 삼으며

일체 국토가 모습이 없는 것으로 모습을 삼으며

일체 삼세가 오직 이 언설뿐이며

일체 언설이 모든 법 가운데 의지할 곳이 없으며

일체 모든 법이 언설 가운데 또한 의지할 곳도 없다 합니다.

보살이 이와 같이 일체법이 다 깊고도 깊으며

일체 세간이 다 고요하고 고요하며

일체 불법이 증익하는 바가 없으며

불법이 세간법과 다르지 않고 세간법이 불법과 다르지 아니하며

불법과 세간법이 섞이어 혼란하지 아니하며

또한 차별이 없는 줄 알며

법계가 체성이 평등한 줄 알아 널리 삼세에 들어가며

영원히 대보리심을 버리지 아니하며

항상 중생을 교화하는 마음이 물러나지 아니하며

전전히 다시 대자비심을 증장하여 일체중생으로 더불어 의지할 바 처소를 짓습니다.

보살이 그때에 다시 이와 같은 생각을 하기를 내가 중생을 성숙하게 하지 않는다면 누가 마땅히 성숙하게 하며

내가 중생을 조복하지 않는다면 누가 마땅히 조복하며

내가 중생을 교화하지 않는다면 누가 마땅히 교화하며

내가 중생을 깨닫게 하지 않는다면 누가 마땅히 깨닫게 하며

내가 중생을 청정하게 하지 않는다면 누가 마땅히 청정하게 하겠는가.

이것은 내가 마땅히 해야 할 바이고 내가 응당 지어야 할 바이다 하며

다시 이와 같은 생각을 하기를 만약 내 스스로만이 깊고도 깊은 법을 안다면 오직 내 한 사람만이 아뇩다라삼먁삼보리에 홀로 해탈을 얻고 모든 중생

은 눈도 어둡고 지혜의 눈도 없어서 큰 험난한 길에 들어가 모든 번뇌의 얽힌 바가 되며

　중병 든 사람과 같아서 항상 고통을 받으며

　탐욕과 애욕의 지옥에 거처하여 능히 스스로 나오지 못하며

　지옥과 아귀와 축생과 염라왕 세계를 떠나지 못하며

　능히 고통을 소멸하지 못하고 악업을 버리지 못하며

　항상 어리석음의 어둠에 거처하여 진실을 보지 못하며

　생사에 윤회하여 벗어남을 얻지 못하며

　팔난에 머물러 수많은 번뇌에 집착하는 바이며

　가지가지 번뇌가 그 마음을 덮어 장애하며

　사견의 미혹한 바로 정도를 행하지 못할 것이다 하였습니다.

보살이 이와 같이 모든 중생을 관찰하고 이와 같은 생각을 하여 말하기를 만약 이 중생을 성숙케 하지 못하고 조복하지 못하여 버려두고 아뇩다라삼막삼보리 증득함을 취하려고 한다면 이것은 응당하지 못할 바이니,

내가 마땅히 먼저 중생을 교화하되 가히 말할 수 없고 말할 수 없는 세월에 보살의 행을 행하여 성숙하지 못한 사람은 먼저 하여금 성숙케 하고 조복하지 못한 사람은 먼저 하여금 조복케 할 것이다 하나니

이 보살이 이 잘 나타나는 행에 머물 때에 모든 하늘과 마군과 범천과 사문과 바라문과 일체 세간과 건달바와 아수라 등이 만약 친견함을 얻어 잠시 함께 머물거나 공경하고 존중하여 받들어 섬기고 공양하거나 그리고 잠시 귀로 듣고 한번 마음에 스쳐 지나는 자가 있다면 이와 같이 하는 바를 다

헛되이 버리지 아니하여 반드시 결정코 마땅히 아뇩
다라삼먁삼보리를 이루게 할 것이니,

　이것이 이름이 보살마하살의 제 여섯 번째 잘
나타나는 행입니다.

십행품③

불자여, 어떤 등이 보살마하살의 집착이 없는 행이 되는가.

불자여, 이 보살이 주착함이 없는 마음으로써 생각생각 가운데 능히 아승지 세계에 들어가서 아승지 세계를 장엄하여 청정하게 하지만 모든 세계에 마음이 주착하는 바가 없으며

아승지 모든 여래의 처소에 나아가서 공경하고 예배하여 받들어 섬기고 공양하되 아승지 꽃과 아승지 향과 아승지 꽃다발과 아승지 바르는 향과 가루향과 의복과 진기한 보배와 당기와 깃발과 묘한 일산日傘인 모든 장엄기구를 각각 아승지로 이용하여 공양하나니,

이와 같이 공양하는 것은 구경에 조작이 없는 법을 위한 까닭이며

사의할 수 없는 법에 머물기 위한 까닭입니다.

생각생각 가운데 수 없는 부처님을 친견하되 모든 부처님의 처소에 마음이 주착하는 바가 없으며

모든 부처님의 세계에 또한 주착하는 바가 없으며

부처님의 삼십이상과 팔십종호에 또한 주착하는 바가 없으며

부처님의 광명을 보고 부처님의 설법을 들음에 또한 주착하는 바가 없으며

시방세계와 그리고 부처님과 보살이 있는 바 대중이 모인 곳에 또한 주착하는 바가 없으며

불법을 들은 이후에 마음에 환희를 내며

의지력이 광대하여 모든 보살의 행을 능히 섭수하고 능히 행하지만 그러나 불법에 또한 주착하는 바가 없으며

이 보살이 가히 말할 수 없는 세월에 가히 말할 수 없는 부처님이 세상에 출흥하심을 보고 낱낱 부처님의 처소에서 받들어 섬기고 공양하되 다 가히 말할 수 없는 세월이 다하도록 할지라도 싫어하거나 만족하는 바가 없으며

부처님을 친견하고 법문을 들으며 그리고 보살의 대중이 모여 장엄함을 볼지라도 다 주착하는 바가 없으며

부정한 세계를 볼지라도 또한 싫어함이 없습니다. 무슨 까닭인가.

이 보살이 모든 불법과 같이 관찰하는 까닭이니

모든 불법 가운데는 더러운 것도 없고 깨끗한 것도 없으며

어두운 것도 없고 밝은 것도 없으며

다른 것도 없고 하나도 없으며

진실한 것도 없고 허망한 것도 없으며

안은한 것도 없고 험난한 것도 없으며

바른 길도 없고 삿된 길도 없습니다.

보살이 이와 같이 깊이 법계에 들어갔기에 중생을
교화하지만 저 중생에게 집착함을 내지 아니하며

모든 법을 받아 가지지만 저 모든 법에 집착함을
내지 아니하며

보리심을 일으켜 부처님이 머무시는 곳에 머물지
만 저 부처님이 머무시는 곳에 집착함을 내지 아니
하며

비록 언설이 있지만 저 언설에 마음이 집착하는
바가 없으며

중생의 세계에 들어가지만 저 중생의 세계에 마음
이 집착하는 바가 없으며

삼매를 알아 능히 들어가고 능히 머물지만 저
삼매에 마음이 집착하는 바가 없으며

한량없는 모든 부처님의 국토에 나아가 혹 들어가고 혹 보고 혹 그 가운데 머물지만 저 부처님의 국토에 마음이 집착하는 바가 없으며

버리고 갈 때에도 또한 돌아보고 그리워함이 없습니다.

보살마하살이 능히 이와 같이 집착하는 바가 없는 까닭으로

불법 가운데 마음에 장애가 없어서 부처님의 보리를 요달하며

법의 비니毘尼를 증득하며

부처님의 바른 가르침에 머물며

보살의 행을 닦으며

보살의 마음에 머물며

보살의 해탈의 법을 사유하며

보살이 머무는 곳에 마음이 염착하는 바가 없으며

보살이 행하는 곳에도 또한 염착하는 바가 없으며

보살의 도를 청정케 하며

보살의 수기를 받습니다.

수기를 얻은 이후에 이와 같은 생각을 하기를

범부는 어리석어 아는 것이 없으며

보는 것이 없으며

믿음이 없으며

지해가 없으며

총명하고 민첩한 행이 없으며

완고하고 어리석어 탐착하며

생사에 유전하며

부처님 친견하기를 구하지 아니하며

밝은 인도자를 따르지 아니하며

조어사를 믿지 아니하며

미혹하여 잘못 실수하며

험난한 길에 들어가며

십력의 왕을 공경하지 아니하며

보살의 은혜를 알지 못하며

머무는 곳에 연민하고 탐착하며

모든 법이 공하다고 함을 들으면 마음이 크게 놀라고 두려워 정법을 멀리 여의고 사법邪法에 머물며

평탄한 길을 버리고 험난한 길에 들어가며

부처님의 뜻을 버려 등지고 마군의 뜻을 따르고 좇아 저 삼유 가운데 크게 집착하여 버리지 못한다 하였습니다.

보살이 이와 같이 모든 중생을 관찰하고 대비를 증장하여 모든 선근을 생기하지만 주착하는 바가 없습니다.

보살이 그때에 다시 이와 같은 생각을 하기를 내가 마땅히 한 중생을 위하여 시방세계의 낱낱

국토에 가히 말할 수 없고 가히 말할 수 없는 세월을 지나도록 교화하여 성숙케 하리니,

한 중생을 위함과 같이 일체중생을 위하기를 다 또한 이와 같이 하되 마침내 이것으로써 피곤해하거나 싫어함을 내어 버리고 다른 곳으로 가지 않을 것이다 하며

또 털끝으로써 법계를 두루 헤아려 한 털끝 처소에 가히 말할 수 없고 가히 말할 수 없는 세월이 다하도록 일체중생을 교화하여 조복케 하리니,

한 털끝 처소와 같아서 낱낱 털끝 처소에도 다 또한 이와 같이 하되

내지 한 번 손가락을 퉁기는 즈음에도 나에게 집착하여 아我와 아소我所의 생각을 일으키지 아니하며

저 낱낱 털끝 처소에서 미래세월이 다하도록 보살의 행을 닦아도 몸에 집착하지 아니하며

법에 집착하지 아니하며

생각에 집착하지 아니하며

서원에 집착하지 아니하며

삼매에 집착하지 아니하며

관찰에 집착하지 아니하며

적정에 집착하지 아니하며

경계에 집착하지 아니하며

중생을 교화하여 조복케 함에 집착하지 아니하며

또한 다시 법계에 들어감에 집착하지 않을 것이다

하였습니다.

무슨 까닭인가.

보살이 이와 같은 생각을 하기를 내가 응당히

일체 법계가 환상과 같으며

모든 부처님이 그림자와 같으며

보살의 행이 꿈과 같으며

부처님의 설법이 메아리와 같으며

일체 세간이 변화한 것과 같나니 업보로 가지는 바인 까닭이며

차별한 몸이 환상과 같나니 행의 힘으로 생기한 바인 까닭이며

일체중생이 마음과 같나니 가지가지로 섞이어 물든 까닭이며

일체법이 실제와 같나니 가히 변하여 달라지지 아니한 까닭을 관찰할 것이다 하며

또 이와 같은 생각을 하기를 내가 마땅히 모든 허공계에 두루한 법계의 시방 국토 가운데 보살의 행을 행하되 생각생각에 일체 불법을 밝게 통달하여 바른 생각이 앞에 나타나 취착하는 바가 없을 것이다 하였습니다.

보살이 이와 같이 몸이 아가 없는 줄 관찰하여 부처님을 걸림 없이 보건만은

중생을 교화하기 위하여 모든 법을 연설하여 하여
금 불법에 한량없는 환희와 맑은 믿음을 발생케
하고 일체중생을 구호하지만 마음이 피곤하거나
싫어함이 없나니

피곤하거나 싫어함이 없는 까닭으로 일체 세계에
만약 한 중생이라도 성취하지 못하고 조복하지 못한
곳이 있다면 다 저곳에 나아가 방편으로 교화하여
제도하되 그 가운데 중생의 가지가지 음성과

가지가지 모든 업과

가지가지 취착하는 것과

가지가지 시설과

가지가지 화합과

가지가지 유전과

가지가지 하는 바와

가지가지 경계와

가지가지 생기하는 것과

가지가지 죽는 것을 큰 서원으로써 그 가운데 편안히 머물러 교화하고

그 마음으로 하여금 움직이지도 않고 물러나지도 않게 하며

또한 한 생각도 염착하는 생각을 내지 않게 하나니 무슨 까닭인가.

주착하는 바가 없고 의지하는 바가 없음을 얻은 까닭으로 자리와 이타가 청정하여 만족하나니,

이것이 이름이 보살마하살의 제 일곱 번째 주착함이 없는 행입니다.

불자여, 어떤 등이 보살마하살의 얻기 어려운 행이 되는가.

이 보살이 얻기 어려운 선근과

절복하기 어려운 선근과

가장 수승한 선근과

가히 무너뜨릴 수 없는 선근과

능히 지날 수 없는 선근과

사의할 수 없는 선근과

끝이 없는 선근과

자재한 힘의 선근과

큰 위덕의 선근과

일체 부처님으로 더불어 동일한 자성의 선근을
성취하였습니다.

이 보살이 모든 행을 닦을 때에 불법 가운데 가장
수승한 지해를 얻으며

부처님의 보리에 광대한 지해를 얻으며

보살의 서원에 일찍이 휴식하지 아니하며

일체 세월이 다하도록 마음이 피곤하거나 게으름
이 없으며

일체 고통에 싫어하여 떠나는 생각을 내지 아니

하며

　일체 수많은 마군이 능히 움직이지 못하는 바이며

　일체 모든 부처님이 보호하고 생각하는 바이며

　일체 보살의 고행을 갖추어 행하며

　보살의 행을 닦되 부지런하여 게으르지 아니하며

　대승의 서원에 항상 물러가지 아니하나니

　이 보살이 이 얻기 어려운 행에 편안히 머문 이후에 생각생각 가운데 능히 아승지 세월토록 생사에 유전하였지만 보살의 큰 서원을 버리지 아니하였기에 만약 어떤 중생이라도 받들어 섬기고 공양하며 내지 친견하고 듣는다면 아뇩다라삼먁삼보리에 물러나지 아니함을 얻게 합니다.

　이 보살이 비록 중생이 있지 아니한 줄 알지만 그러나 일체중생의 세계를 버리지 않나니

　비유하자면 뱃사공(船師)이 이쪽 언덕에도 머물

지 아니하며 저쪽 언덕에도 머물지 아니하며 강의 중간에도 머물지 않지만 그러나 능히 이쪽 언덕의 중생을 싣고 건너 저쪽 언덕에 이르게 하나니

가고 돌아옴에 쉼 없이 하는 것과 같은 까닭입니다.

보살마하살도 또한 다시 이와 같아서 생사에도 머물지 아니하며 열반에도 머물지 아니하며 또한 다시 생사의 중간에도 머물지 않지만 그러나 능히 이쪽 언덕에 중생을 싣고 건너 저쪽 언덕의 안은하고 두려움이 없고 근심과 고뇌가 없는 곳에 두며

또한 중생의 수에 집착하는 바가 있지 아니하며

한 중생을 버리고 수많은 중생에게 집착하지 아니하며

수많은 중생을 버리고 한 중생에게 집착하지 아니하며

중생의 세계를 증장하지 아니하며

중생의 세계를 감소하지 아니하며

중생의 세계를 생기하지 아니하며

중생의 세계를 소멸하지 아니하며

중생의 세계를 다하지 아니하며

중생의 세계를 생장하지 아니하며

중생의 세계를 분별하지 아니하며

중생의 세계를 둘로 나누지 않습니다.

무슨 까닭인가.

보살이 중생의 세계가 법계와 같아서 중생의 세계
와 법계가 둘이 없는 곳에 깊이 들어가나니,

둘이 없는 법 가운데는 더함도 없고 덜함도 없으며

생기함도 없고 사라짐도 없으며

있음도 없고 없음도 없으며

취함도 없고 의지함도 없으며

집착함도 없고 둘도 없습니다.

무슨 까닭인가.

보살이 일체법과 법계가 둘이 없음을 요달하는 까닭입니다.

보살이 이와 같이 좋은 방편으로써 깊은 법계에 들어가 모습이 없는 곳에 머물지만 청정한 모습으로써 그 몸을 장엄하며

법이 자성이 없는 줄 알지만 능히 일체법의 모습을 분별하며

중생을 취하지 않지만 능히 중생의 수를 요달하여 알며

세계에 집착하지 않지만 몸을 부처님의 세계에 나타내며

법을 분별하지 않지만 불법에 잘 들어가며

의리를 깊이 통달하지만 널리 언설의 가르침을 연설하며

일체법에 탐욕을 떠난 진제를 알지만 보살의 도를 끊지 않고 보살의 행에 물러나지 아니하며

항상 부지런히 끝없는 행을 닦아 익히지만 자재로 청정한 법계에 들어갑니다.

비유하자면 나무를 뚫어 불을 냄에 불의 하는 일이 한량이 없지만 그러나 본래의 불은 사라지지 않는 것과 같나니

보살도 이와 같아서 중생을 교화하는 일이 끝이 없지만 세간에 있어 영원히 머물고 사라지지 않습니다.

구경도 아니며 구경이 아닌 것도 아니며

취하는 것도 아니며 취하지 않는 것도 아니며

의지하는 것도 아니며 의지하지 않는 것도 아니며

세간의 법도 아니며 불법도 아니며

범부도 아니며 불과를 얻은 것도 아닙니다.

보살이 이와 같이 얻기 어려운 마음을 성취하여 보살의 행을 닦을 때에

이승의 법도 설하지 아니하며

불법도 설하지 아니하며

세간도 설하지 아니하며

세간의 법도 설하지 아니하며

중생도 설하지 아니하며

중생이 없는 것도 설하지 아니하며

더러운 것도 설하지 아니하며

깨끗한 것도 설하지 않습니다.

무슨 까닭인가.

보살이 일체법이 물듦도 없고 취착함도 없으며

유전하지도 않고 퇴전하지도 아니함을 아는 까닭입니다.

보살이 이와 같이 적멸하고 미묘하며 깊고도 깊고 가장 수승한 법 가운데 수행할 때에 또한 내가 현재 이 행을 닦으며

이미 이 행을 닦았으며

당래에 이행을 닦을 것이라는 생각을 내지 아니하며

오온과 십팔계와 십이처와 안의 세간과 밖의 세간과 안과 밖의 세간에 집착하지 아니하며

일으킨 바 큰 서원과 모든 바라밀과 그리고 일체법에 다 집착하는 바가 없습니다.

무슨 까닭인가.

법계 가운데는 어떤 법도 성문승에 향하며 독각승에 향한다 이름할 것이 없으며

어떤 법도 보살승에 향하며 아뇩다라삼먁삼보리에 향한다 이름할 것이 없으며

어떤 법도 범부의 세계에 향한다 이름할 것이 없으며

어떤 법도 더러운 것에 향하며 깨끗한 것에 향하며 생사에 향하며 열반에 향한다 이름할 것이 없습니다.

무슨 까닭인가.

모든 법이 둘이 없으며 둘이 아님이 없는 까닭입니다.

비유하자면 허공을 시방 가운데와 혹 과거와 미래와 지금에 구하여도 가히 얻을 수 없지만 그러나 허공이 없는 것이 아닌 것과 같나니

보살도 이와 같아서 일체법이 다 가히 얻을 수 없는 줄 관찰하지만 그러나 일체법이 없지 않아서 여실히 다름이 없기에 짓는 바를 잃지 아니하며

널리 보살의 모든 행을 수행하는 것을 보이며

큰 서원을 버리지 아니하며

중생을 조복하며

바른 법륜을 전하며

인과를 무너뜨리지 아니하며

또한 평등한 묘법에도 어기지 않습니다.

널리 삼세의 모든 여래로 더불어 평등하여 부처님

의 종성을 끊지 않으며

실상을 무너뜨리지 않으며

깊이 법에 들어가 변재가 다함이 없으며

법문을 듣지만 집착하지 않아서 법의 연못 밑까지 이르며

잘 능히 열어 연설하지만 마음에 두려워하는 바가 없으며

부처님이 머무시는 곳을 버리지 않지만 세간의 법을 어기지 아니하며

널리 세간에 나타나지만 세간에 집착하지 않습니다.

보살이 이와 같이 얻기 어려운 지혜의 마음을 성취하여 모든 행을 닦아 익혔기에

삼악취에서 중생을 빼내어 교화하고 조복하여 삼세에 모든 부처님의 도량 가운데 편안히 두되 하여금 동요하지 않게 합니다.

다시 이와 같은 생각을 하기를 세간의 중생이 은혜를 갚을 줄 알지 못하고 다시 서로 원수로 대하며

삿된 소견으로 집착하며

미혹하여 거꾸러지며

어리석어 지혜가 없으며

신심이 없으며

악한 벗을 따르고 좇으며

모든 나쁜 지혜를 일으키며

탐욕과 애욕과 무명과 가지가지 번뇌가 다 넘쳐나나니,

이곳이 내가 보살의 행을 닦을 바 처소이다.

설사 은혜를 알며 총명하고 지혜로우며 그리고 선지식이 세간에 넘쳐남이 있을지라도 내가 그 가운데서는 보살의 행을 닦지 아니할 것이니

무슨 까닭인가.

나는 중생에게 마음에 들고 들지 않는 바가 없으며

기다리고 희망하는 바가 없으며

내지 한 가닥 실과 한 가닥 털과 그리고 한 글자 찬미하는 말도 구하지 아니하며

미래세월이 다하도록 보살의 행을 닦지만 일찍이 한 생각도 스스로의 몸을 위하지 않고 다만 일체중생을 제도하고 해탈하여 그로 하여금 청정케 하여 영원히 벗어남을 얻게 하고자 하는 때문이다 하였습니다.

무슨 까닭인가.

중생 가운데 밝은 지도자가 되는 사람은 법이 응당 이와 같아서 취하지도 않고 구하지도 아니하며

다만 중생만을 위하여 보살의 도를 닦아 그로 하여금 안은한 피안에 이름을 얻어 아뇩다라삼먁삼보리를 이루게 하나니,

이것이 이름이 보살마하살의 제 여덟 번째 얻기 어려운 행입니다.

불자여, 어떤 등이 보살마하살의 잘 법을 설하는 행이 되는가.

이 보살이 일체 세간의 하늘과 사람과 마군과 범천과 사문과 바라문과 건달바 등을 위하여 청량한 진리의 못을 만들어 정법을 섭수하고 가져 부처님의 종성이 끊어지지 않게 하나니

청정한 광명의 다라니를 얻은 까닭으로 법을 설하고 수기함에 변재가 다함이 없으며

뜻을 구족한 다라니를 얻은 까닭으로 의義의 변재가 다함이 없으며

실상의 법을 깨닫는 다라니를 얻은 까닭으로 법의 변재가 다함이 없으며

말을 훈석하는 다라니를 얻은 까닭으로 말의 변재가 다함이 없으며

끝없는 문구文句와 다함이 없는 뜻의 걸림 없는 문門 다라니를 얻은 까닭으로 걸림이 없는 변재가

다함이 없으며

부처님의 관정 다라니로 그 머리에 관정함을 얻은 까닭으로 환희하는 변재가 다함이 없으며

다른 사람의 깨달음을 인유하지 않는 다라니를 얻은 까닭으로 광명의 변재가 다함이 없으며

같은 변재에 다라니문을 얻은 까닭으로 같은 변재가 다함이 없으며

가지가지 의신義身과 구신口身과 문신文身 가운데 훈석하는 다라니문을 얻은 까닭으로 훈석하는 변재가 다함이 없으며

끝없이 도는 다라니를 얻은 까닭으로 끝없는 변재가 다함이 없습니다.

이 보살이 대비가 견고하여 널리 중생을 섭수하되 삼천대천세계에 몸을 금색으로 변화하여 불사를 시작施作하고, 모든 중생의 근성과 욕락을 따라 광장설廣長舌로써 한 음성 가운데 한량없는 음성을 나타

내어 때에 응하여 법을 설하여 다 하여금 환희케 합니다.

가사 가히 말할 수 없는 가지가지 업보의 수없는 중생이 있어서 함께 한곳에 모이되 그 모임이 광대하여 가히 말할 수 없는 세계에 충만하거늘 보살이 저 대중이 모인 가운데 앉음에 이 가운데 중생이 낱낱이 다 가히 말할 수 없는 아승지의 입이 있어서 낱낱 입에 능히 백천억 나유타 음성을 내어 동시에 소리를 일으키되 말이 각각 다르고 질문하는 바가 각각 다를지라도 보살이 한 생각 가운데 다 능히 알아서 받아들이고 다 대답하여 하여금 의혹을 제멸하게 하며

한 대중이 모인 가운데와 같아서 가히 말할 수 없는 대중이 모인 가운데도 다 또한 이와 같이 합니다.

다시 가사 한 털끝 처소에서 생각생각에 가히 말할 수 없고 가히 말할 수 없는 도량에 모인 대중을 출생하며

일체 털끝 처소에서도 다 또한 이와 같이 하여 미래 세월이 다하도록 한다면 저 세월은 가히 다할 수 있지만 모인 대중은 다할 수 없거든 이 모든 모인 대중이 생각생각 가운데 말이 각각 다르고 질문하는 바가 각각 다를지라도 보살이 한 생각 가운데 다 능히 알아서 받아들이되 두려움도 없고 겁도 없으며 의심도 없고 잘못됨도 없어서

이와 같은 생각을 하기를 설사 일체중생이 이와 같은 어업으로써 함께 와서 나에게 물을지라도 내가 설법하되 끊어짐도 없고 다함도 없이 하여 다 하여금 환희하여 선도에 머물게 하며

다시 하여금 일체 말을 잘 알아 능히 중생을 위하여 가지가지 법을 설하되 언어에 분별하는 바가 없게

하며

가사 가히 말할 수 없고 말할 수 없는 가지가지 말로 와서 물을지라도 한 생각에 다 알아 한 음성으로 다 답하여 널리 하여금 열어 깨닫게 하여 유실하거나 남음이 없게 할 것이다 하나니

일체 지혜로써 관정함을 얻은 까닭이며

걸림이 없는 창고를 얻은 까닭이며

일체법의 원만한 광명을 얻은 까닭이며

일체 지혜와 지혜를 구족한 까닭입니다.

불자여, 이 보살마하살이 잘 법을 설하는 행行에 편안히 머문 이후에는 능히 스스로 청정하고 또한 능히 집착하는 바가 없는 방편으로써 널리 일체중생을 요익케 하지만 한 중생도 벗어남을 얻을 자가 있음을 보지 않습니다.

이 삼천대천세계와 같아서 이와 같이 내지 가히

말할 수 없는 삼천대천세계에서도 몸을 금색으로 변화하고 묘한 음성을 구족하여 일체법에 장애하는 바가 없이 불사를 시작합니다.

불자여, 이 보살마하살이 열 가지 몸을 성취하나니

말하자면 끝없는 법계에 들어가는 육취가 아닌 몸이니

일체 세간에서 사라진 까닭이며

끝없는 법계에 들어가는 육취의 몸이니

일체 세간에 생겨나는 까닭이며

생겨나지 않는 몸이니

생겨남이 없는 평등한 법에 머무는 까닭이며

사라지지 않는 몸이니

일체가 사라져 언설로 가히 얻을 수 없는 까닭이며

진실하지 않는 몸이니

여실함을 얻은 까닭이며

허망하지 않는 몸이니

응함을 따라 나타나는 까닭이며

옮겨가지 않는 몸이니

이곳에서 죽어 저곳에 태어남을 떠난 까닭이며

무너지지 않는 몸이니

법계의 체성은 무너짐이 없는 까닭이며

한 모습의 몸이니

삼세에 언어의 길이 끊어진 까닭이며

모습이 없는 몸이니

법의 모습을 잘도 능히 관찰하는 까닭입니다.

보살이 이와 같은 열 가지 몸을 성취하여 일체중생
의 집이 되나니

일체 선근을 장양하는 까닭이며

일체중생의 구호자가 되나니

그 중생으로 하여금 크게 안은함을 얻게 하는
까닭이며

일체중생의 귀의처가 되나니

그 중생으로 더불어 크게 의지하는 곳을 짓는
까닭이며

일체중생의 인도자가 되나니

하여금 더 이상 없는 벗어남을 얻게 하는 까닭이며

일제 중생의 스승이 되나니

하여금 진실한 법 가운데 들어가게 하는 까닭이며

일체중생의 등불이 되나니

그 중생으로 하여금 업보를 분명히 보게 하는
까닭이며

일체중생의 광명이 되나니

하여금 깊고도 깊은 묘한 법을 비추게 하는 까닭
이며

일체 삼세의 횃불이 되나니

그 중생으로 하여금 진실한 법을 깨닫게 하는 까닭이며

일체 세간에 비춤이 되나니

하여금 광명의 지위 가운데 들어가게 하는 까닭이며

일체 육취의 광명이 되나니

여래의 자재함을 시현하는 까닭입니다.

불자여, 이것이 이름이 보살마하살의 제 아홉 번째 잘 법을 설하는 행이니

보살이 이 행에 편안히 머물러 일체중생을 위하여 청량한 법의 못을 지어 능히 일체 불법의 근원을 다하는 까닭입니다.

불자여, 어떤 등이 보살마하살의 진실한 행이 되는가.

이 보살이 제일로 성실히 살피는 말을 성취하여
설함과 같이 능히 행하며

행함과 같이 능히 설하는 것입니다.

이 보살이 삼세에 모든 부처님의 진실한 말을
배우며

삼세에 모든 부처님의 종성에 들어가며

삼세에 모든 부처님으로 더불어 선근이 같으며

삼세에 모든 부처님의 둘이 없는 말을 얻으며

여래를 따라 배워 지혜를 성취합니다.

이 보살이 중생의 옳은 곳과 그른 곳을 아는 지혜와

과거 미래 현재의 업보를 아는 지혜와

모든 근기의 영리하고 둔함을 아는 지혜와

가지가지 세계를 아는 지혜와

가지가지 지해(解)를 아는 지혜와

일체 처소에 이르는 길을 아는 지혜와

모든 선정과 해탈과 삼매의 더럽고 깨끗한 것이

일어나는 때와 아닌 때를 아는 지혜와

일체 세계에 숙세에 머문 것을 생각을 따라 아는
지혜와

천안통을 아는 지혜와

누진통을 아는 지혜를 성취하였지만 그러나 일체
보살의 행을 버리지 않나니,

무슨 까닭인가.

일체중생을 교화하여 다 하여금 청정케 하고자
하는 까닭입니다.

이 보살이 다시 이와 같이 증상심을 내기를 만약
내가 일체중생으로 하여금 더 이상 없는 해탈의
도에 머물지 않게 하고 내가 먼저 아뇩다라삼먁삼보
리를 성취하려 한다면 곧 나의 본래 서원을 어기는
것이니,

이것은 응당 하지 말아야 할 바이다.

이런 까닭으로 반드시 마땅히 먼저 일체중생으로 하여금 더 이상 없는 보리와 무여열반을 얻게 한 연후에 성불할 것이다.

무슨 까닭인가.

중생이 나를 청하여 발심한 것이 아니라 내가 스스로 중생을 위하여 청하지 않는 벗이 되어 먼저 일체중생으로 하여금 선근을 만족하여 일체 지혜를 성취케 하고자 한 것이다.

이런 까닭으로 내가 가장 수승함이 되나니

일체 세간에 집착하지 않는 까닭이며

내가 최상이 되나니

더 이상 없는 조어사의 지위에 머무는 까닭이며

내가 번뇌의 가림에서 떠남이 되나니

중생이 끝이 없음을 아는 까닭이며

내가 이미 판단함이 되나니

본래의 서원을 성취한 까닭이며

내가 잘 변화함이 되나니

보살의 공덕을 장엄한 까닭이며

내가 좋은 의지와 믿음이 되나니

삼세에 모든 부처님이 섭수하는 까닭이다 하였습니다.

이 보살마하살이 본래의 서원을 버리지 않는 까닭으로 더 이상 없는 지혜의 장엄에 들어감을 얻어 중생을 이익케 하여 다 하여금 만족함을 얻게 하되 본래의 서원을 따라 다 구경을 얻게 하며

일체법 가운데 지혜가 자재하여 일체중생으로 하여금 널리 청정함을 얻게 하며

생각생각에 두루 시방세계에 노닐며

생각생각에 널리 가히 말할 수 없고 가히 말할 수 없는 모든 부처님의 국토에 나아가며

생각생각에 가히 말할 수 없고 가히 말할 수 없는

모든 부처님과 그리고 부처님이 장엄한 청정한 국토를 다 보고 여래의 자재한 신력을 시현하여 널리 법계와 허공계에 두루합니다.

이 보살이 한량없는 몸을 나타내어 널리 세간에 들어가지만 그러나 의지하는 바가 없으며

그 몸 가운데 일체 세계와 일체중생과 일체 모든 법과 일체 모든 부처님을 나타내며

이 보살이 중생의 가지가지 생각과 가지가지 욕망과 가지가지 지혜와 가지가지 업보와 가지가지 선근을 알아서 그들이 응하는 바를 따라 그 몸을 나타내어 그들을 조복하며

모든 보살이 환상과 같으며

일체법이 변화한 것과 같으며

부처님이 세상에 나오신 것이 그림자와 같으며

일체 세간이 꿈과 같은 줄 관찰하며

의신과 문신의 끝없는 법장을 얻으며

바른 생각이 자재하며

일체 모든 법을 결정코 요달하여 알며

지혜가 가장 수승하며

일체 삼매의 진실한 모습에 들어가며

한 성품으로 두 가지 모습이 없는 지위에 머뭅니다.

보살마하살이 모든 중생이 다 두 가지에 집착하기에 대비에 편안히 머물러 이와 같은 적멸의 법을 수행하여

부처님의 십력을 얻어서 인다라 그물의 법계에 들어가며

여래의 걸림 없는 해탈을 성취하며

사람 가운데 영웅으로 용맹하여 큰 사자후로 두려워하는 바가 없음을 얻으며

능히 걸림이 없는 청정한 법륜을 전하며

지혜의 해탈을 얻으며

일체 세간의 경계를 요달하여 알며

생사에 돌아 유전함을 끊으며

지혜의 큰 바다에 들어가며

일체중생을 위하여 삼세에 모든 부처님의 정법을 보호하여 가지며

일체 불법의 바다에 실상의 근원 밑까지 이릅니다.

보살이 이 진실한 행에 머문 이후에 일체 세간의 하늘과 사람과 마군과 범천과 사문과 바라문과 건달바와 아수라 등이 친근하는 이가 있다면 다 하여금 열어 깨달아 환희하고 청정케 할 것이니

이것이 이름이 보살마하살의 제 열 번째 진실한 행입니다.

그때에 부처님의 위신력인 까닭으로 시방에 각각 부처님의 국토에 작은 티끌 수만치 많은 세계가 여섯 가지로 진동함이 있었나니

말하자면 움직이는 것과 두루 움직이는 것과 같이 두루 움직이는 것이며,

일어나는 것과 두루 일어나는 것과 같이 두루 일어나는 것이며,

솟는 것과 두루 솟는 것과 같이 두루 솟는 것이며,

진동하는 것과 두루 진동하는 것과 같이 두루 진동하는 것이며,

으르렁거리는 것과 두루 으르렁거리는 것과 같이 두루 으르렁거리는 것이며,

치는 것과 두루 치는 것과 같이 두루 치는 것이었습니다.

그리고 하늘의 묘한 꽃과 하늘의 향과 하늘의 가루 향과 하늘의 꽃다발과 하늘의 옷과 하늘의

보배와 하늘의 장엄구를 비 내리며

　하늘의 음악을 연주하며

　하늘의 광명을 놓으며

　모든 하늘의 미묘한 음성을 연창하기도 하였습니다.

　이 세계의 야마천궁에서 십행법을 설함에 나타낸 바 신통 변화와 같아서 시방세계에서도 다 또한 이와 같이 나타내었습니다.

　다시 부처님의 위신력인 까닭으로 시방으로 각각 십만 부처님의 국토에 작은 티끌 수만치 많은 세계 밖을 지나 십만 부처님의 국토에 작은 티끌 수만치 많은 보살이 있어 함께 이 국토에 와 이르되 시방에 충만하게 하여 공덕림보살에게 일러 말하기를 불자여, 착하고 착합니다.

　모든 보살의 행을 잘도 능히 연설합니다.

우리 등 일체 보살은 다 이름이 공덕 숲이요

머무는 바 세계도 다 이름이 공덕당기요

저 국토에 여래도 다 이름이 넓은 공덕(普功德)이니,

우리 등이 있는 부처님의 처소에도 또한 이 법을 연설하되 모인 대중과 권속과 말과 의리가 다 또한 이와 같아서 증감이 없습니다.

불자여, 우리 등이 다 부처님의 위신력을 받아 와서 이 회에 들어가 그대를 위하여 증명하나니,

시방세계에서도 다 또한 이와 같이 증명합니다.

그때 공덕숲 보살이 부처님의 위신력을 받아 널리 시방에 일체 모인 대중과 그리고 법계를 관찰하고 부처님의 종성으로 하여금 끊어지지 않게 하고자 하는 까닭이며

보살의 종성으로 하여금 청정하게 하고자 하는

까닭이며

서원의 종성으로 하여금 물러나지 않게 하고자 하는 까닭이며

행의 종성으로 하여금 항상 상속하게 하고자 하는 까닭이며

삼세의 종성으로 하여금 다 평등하게 하고자 하는 까닭이며

삼세에 일체 부처님의 종성을 섭수하고자 하는 까닭이며

심은 바 모든 선근을 열어 연설하고자 하는 까닭이며

일체 모든 근성과 욕망과 지해와 번뇌와 습기와 심행心行으로 하는 바를 관찰하고자 하는 까닭이며

일체 부처님의 깨달음(菩提)을 비추어 알고자 하는 까닭으로 게송을 설하여 말하기를

십력 세존은

때를 떠나 청정하여 걸림 없이 보시며

경계가 깊고도 멀어 짝할 이 없으시며

허공과 같은 도 가운데 머무신 이로 일심으로 경례합

니다.

과거 모든 사람 가운데 가장 수승한 이가

공덕이 한량이 없고 집착하는 바가 없으며

용맹이 제일로 같을 수도 짝할 수도 없으시니

저 번뇌를 떠난 이가 이 도를 행하십니다.

현재 시방의 모든 국토에

제일의제를 잘도 능히 열어 연설하지만

모든 과오를 떠나 가장 청정하시니

저 의지함이 없는 이가 이 도를 행하십니다.

미래에 있을 바 사람의 사자師子가

두루 법계에 유행하여

이미 모든 부처님의 대비심을 일으키셨나니

저 요익하는 이가 이 도를 행하십니다.

삼세에 있는 바 비교할 수 없는 세존이

자연스레 어리석음의 어둠을 제멸하고

일체법에 다 평등하시니

저 큰 힘 있는 사람이 다 이 도를 행하십니다.

널리 한량도 없고 끝도 없는 세계에

일체 삼유와 그리고 육취를 보고

본 뒤에는 그 마음이 분별이 없으시니

저 동요함이 없는 이가 이 도를 행하십니다.

법계에 있는 바를 분명하게 알며

제일의제에 가장 청정히 하며
영원히 성냄과 교만과 그리고 어리석음을 깨뜨리
시니
저 공덕 가진 이가 이 도를 행하십니다.

모든 중생을 잘 분별하며
법계의 진실한 자성에 다 들어가며
자연스레 깨달아 다른 사람의 깨달음을 인유하지
않으시니
저 허공 같은 이가 이 도를 행하십니다.

모든 허공에 있는 바 모든 국토에
다 가서 법을 설하여 널리 열어 깨우쳐 주시되
설하시는 바가 청정하여 능히 깨뜨릴 자가 없나니
저 수승한 모니가 이 도를 행하십니다.

견고하고 퇴전하지 않는 법을 구족하며
존중하고 가장 수승한 법을 성취하며
원력이 다함이 없어서 저 언덕에 이르시니
저 잘 수행한 이가 행하시는 바 도입니다.

한량도 없고 끝도 없는 일체 지위와
넓고도 크고 깊고도 깊은 미묘한 경계를
다 능히 알고 보아 남김없이 하시니
저 논리의 사자가 행하시는 바 도입니다.

일체 글귀와 뜻을 다 분명하게 알아
소유한 이론을 다 꺾어 절복하고
저 법에 결정하여 걸리는 바가 없으시니
저 큰 모니가 이 도를 행하십니다.

세간에 모든 허물과 근심을 멀리 떠나고

널리 중생에게 안은한 즐거움을 주어
능히 비등할 수 없는 큰 도사가 되셨으니
저 수승한 공덕을 가진 이가 이 도를 행하십니다.

항상 두려움이 없는 것으로써 중생에게 보시하여
널리 일체중생으로 하여금 다 기쁘고 경사롭게 하되
그 마음이 청정하여 더럽고 탁함이 없으시니
저 비등할 수 없는 이가 이 도를 행하십니다.

의업이 청정하여 지극히 고르고 선하며
모든 희론을 떠나 입의 허물이 없으며
위엄스런 광명이 원만하여 중생들이 흠모하는 바이
시니
저 가장 수승한 이가 이 도를 행하십니다.

진실한 뜻에 들어가 저 언덕에 이르며

공덕의 처소에 머물러 마음이 영원히 고요하며

모든 부처님이 보호하고 염려하여 항상 잊지 않으

시니

저 삼유를 제멸한 이가 이 도를 행하십니다.

나라는 모습을 멀리 떠나 뇌롭고 해로움이 없으며

항상 큰 소리로써 정법을 선설하되

시방의 국토에 두루하지 아니함이 없으시니

저 비유조차 끊은 이가 이 도를 행하십니다.

보시 바라밀을 이미 성만하여

백복百福의 상호로 장엄한 바이시기에

중생이 보는 자가 다 기뻐하나니

저 가장 수승한 지혜 가진 이가 이 도를 행하십니다.

지혜의 지위는 깊고도 깊어 가히 들어가기 어렵지만

능히 묘한 지혜로 잘 편안히 머물러

그 마음이 구경까지 동요하지 않으시니

저 견고한 행을 가진 이가 이 도를 행하십니다.

법계가 있는 곳에 다 능히 들어가되

들어갈 바 처소를 따라 다 구경까지 들어가며

신통이 자재하여 갖추지 아니함이 없으시니

저 법의 광명을 가진 이가 이 도를 행하십니다.

저 비등할 수 없고 비등할 수 없는 큰 모니가

부지런히 삼매를 닦아 두 모습이 없으며

마음이 항상 삼매에 있어 적정을 즐기시니

저 널리 보는 이가 이 도를 행하십니다.

미세하고 광대한 모든 국토가

다시 서로 간섭하여 들어가 각각 차별하지만

그와 같은 경계를 다 요달하여 아시니
저 지혜산왕이 이 도를 행하십니다.

뜻이 항상 밝고 맑아 모든 때를 떠났기에
삼계 가운데 집착하는 바가 없으며
수많은 계율을 보호하고 가져 저 언덕에 이르시니
이 청정한 마음을 가진 이가 이 도를 행하십니다.

지혜는 끝이 없어 가히 설할 수 없고
법계와 허공계에 널리 두루하지만
잘 능히 수학하여 그 가운데 머무시니
저 금강의 지혜를 가진 이가 이 도를 행하십니다.

삼세에 일체 부처님의 경계에
지혜로 널리 들어가 다 두루하지만
일찍이 잠깐도 피곤하거나 싫어하는 마음을 일으키

지 않으시니

저 가장 수승한 이가 이 도를 행하십니다.

잘 능히 십력의 법을 분별하여

일체 처소에 이르는 길을 요달하여 알지만

신업이 걸림이 없어 자재함을 얻으시니

저 공덕신 가진 이가 이 도를 행하십니다.

시방에 한량없고 끝없는 세계에

있는 바 일체 모든 중생을

내가 다 구호하여 버리지 않나니

저 두려움이 없는 이가 이 도를 행하십니다.

모든 불법에 부지런히 닦아 익히되

마음에 일찍이 정진을 게을리 아니하여

일체 모든 세간을 깨끗하게 다스리시니

저 큰 용왕이 이 도를 행하십니다.

중생의 근기가 같지 아니함을 요달하여 알며
욕망과 지해가 한량이 없어 각각 차별함과
가지가지 모든 세계를 다 밝게 요달하시니
이 널리 들어가는 이가 이 도를 행하십니다.

시방세계의 한량없는 국토에
다 가서 받아 나는 것이 수가 없지만
일찍이 한 생각도 피곤하거나 싫어함을 내지 않으
시니
저 환희하는 이가 이 도를 행하십니다.

한량없는 광명의 그물을 널리 놓아
일체 모든 세간을 비추되
그 광명이 비치는 곳에 법성에 들어가시니

이 선한 지혜 가진 이가 이 도를 행하십니다.

시방에 모든 국토 진동하기를
한량없는 억수의 나유타 세월토록 하지만
중생으로 하여금 놀라거나 두렵게 하지 않으시니
이 세상을 이익케 하는 이가 행하시는 바 도입니다.

일체 언어의 법을 잘 알아
묻고 답함을 다 구경까지 하며
총명하고 분별하는 지혜를 알지 못함이 없으시니
이 두려움이 없는 이가 행하시는 바 도입니다.

엎어지고 우러른 모든 국토를 잘 알아
분별하고 사유하여 구경까지 얻으며
다 하여금 끝없는 땅에 머물게 하시니
이 수승한 지혜를 가진 이가 행하시는 바 도입니다.

공덕이 한량없는 나유타처럼 많지만

불도를 구하기 위하여 다 닦아 익혀

그 일체중생으로 저 언덕에 이르게 하시니

이 끝없는 행을 한 이가 행하시는 바 도입니다.

세간을 뛰어난 큰 논사가

변재가 제일인 사자후로써

널리 군생으로 하여금 저 언덕에 이르게 하시니

이 청정한 마음을 가진 이가 행하시는 바 도입니다.

모든 부처님이 관정한 제일의 법에

이미 이 법으로 그 머리에 관정함을 얻어

마음이 항상 바른 법문에 편안히 머무시니

저 광대한 마음을 가진 이가 이 도를 행하십니다.

일체중생이 한량없이 다르거늘

그들의 마음 요달하기를 다 두루하여
결정코 불법의 창고를 보호하고 가지시니
저 수미산 같은 이가 이 도를 행하십니다.

능히 낱낱 언어 가운데
널리 한량없는 음성을 시현하여
저 중생으로 하여금 유형을 따라 알게 하시니
이 걸림 없이 보는 이가 이 도를 행하십니다.

일체 문자와 언어의 법에
지혜로 다 잘 들어가지만 분별하지 않아서
진실한 경계 가운데 머무시니
이 견성한 이가 행하시는 바 도입니다.

깊고도 깊은 큰 법해法海에 편안히 머물러
일체법을 잘도 능히 인정하여

법의 모습 없는 진실한 문門을 요달하시니
이 진실을 본 이가 행하시는 바 도입니다.

낱낱 부처님의 국토에 다 나아가서
한량도 없고 끝도 없는 세월이 다하도록
관찰하고 사유하되 잠시도 머물지 않으시니
이 게으르지 않는 이가 행하시는 바 도입니다.

한량도 없고 수도 없는 모든 여래의
가지가지 명호가 각각 같지 않지만
한 털끝에서 다 분명하게 보시니
이 청정한 복을 가진 이가 행하시는 바 도입니다.

한 털끝 처소에서 모든 부처님을 친견하지만
그 수가 한량이 없어 가히 설할 수 없으며
일체 법계에도 다 또한 그러하시니

저 모든 불자가 이 도를 행하십니다.

한량도 없고 끝도 없고 수도 없는 세월을
한 생각 가운데 다 분명히 알아
그 길고도 짧은 것이 일정한 모습이 없는 줄 아시니
이 해탈행자가 행하시는 바 도입니다.

능히 보는 이로 하여금 헛되이 지남이 없어서
다 불법에 인연을 심게 하지만
하는 바에 마음이 집착이 없으시니
저 모든 것이 가장 수승한 이가 행하시는 바 도입니다.

나유타 세월에 항상 부처님을 만나지만
마침내 한 생각도 피곤하거나 싫어함을 내지 않고
그 마음 환희한 것이 전전히 다시 증장하시니
이 헛되이 보지 않는 이가 행하시는 바 도입니다.

한량도 없고 끝도 없는 세월이 다하도록

일체중생의 세계를 관찰하지만

일찍이 한 중생도 있는 줄 보지 않으시니

이 견고한 사람이 행하시는 바 도입니다.

끝없는 복덕과 지혜의 창고를 닦아 익혀

청량한 공덕의 못을 널리 만들어

일체 모든 군생을 이익케 하시니

저 제일가는 사람이 이 도를 행하십니다.

법계에 있는 바 모든 품류의 중생이

널리 허공에 두루하여 수도 없고 양도 없지만

저들이 다 언설을 의지하여 머무는 줄 아시니

이 사자후 가진 이가 행하시는 바 도입니다.

능히 낱낱 삼매 가운데

널리 수없는 모든 삼매에 들어가되

다 법문의 깊은 곳에 이르시니

이 월륜月輪 같은 이가 이 도를 행하십니다.

인욕의 힘을 부지런히 닦아 저 언덕에 이르러

가장 수승한 적멸의 법을 능히 참아 가지지만

그 마음이 평등하여 동요하지 않으시니

이 끝없는 지혜를 가진 이가 행하시는 바 도입니다.

한 세계에 한 번 앉은 곳에

그 몸이 동요하지 않고 항상 고요하지만

일체 처소에 널리 그 몸을 나타내시니

저 끝없는 몸을 가진 이가 이 도를 행하십니다.

한량도 없고 끝도 없는 모든 국토를

다 하여금 한 티끌 가운데 들어가게 하지만

널리 포용함을 얻어 걸림이 없으시니

저 끝없이 사유하는 이가 이 도를 행하십니다.

옳은 곳과 그리고 그른 곳을 요달하여

모든 십력처에 널리 능히 들어가

여래의 최상의 힘을 성취하시니

저 제일가는 힘을 가진 이가 행하시는 바 도입니다.

과거 미래 현재 세상에

한량도 없고 끝도 없는 모든 업보를

항상 지혜로써 다 요달하여 아시니

이 요달하여 아는 이가 행하시는 바 도입니다.

세간의 때와 아닌 때를 요달하여

응함과 같이 모든 중생을 조복하되

다 그 마땅한 때를 따라 잃지 않으시니

이 잘도 아는 이가 행하시는 바 도입니다.

신업과 어업과 그리고 의업을 잘 지켜

항상 하여금 법을 의지하여 수행하되

모든 취착을 떠나고 수많은 마군을 항복케 하시니

이 지혜로운 마음을 가진 이가 행하시는 바 도입니다.

모든 법 가운데 선교를 얻어

능히 진여의 평등한 처소에 들어가되

변재로 선설하기를 다함이 없이 하시니

이 부처님의 행을 하는 이가 행하시는 바 도입니다.

다라니문이 이미 원만하고

잘 능히 걸림 없는 창고에 편안히 머물러

모든 법계를 다 통달하시니

이 깊이 들어간 이가 행하시는 바 도입니다.

삼세에 계시는 바 일체 부처님이
다 마음이 같고 지혜가 같으며
한 자성과 한 모습도 다름이 없으시니
이 걸림 없는 종성을 가진 이가 행하시는 바 도입니다.

이미 일체 어리석음의 장막을 찍어내었고
광대한 지혜의 바다에 깊이 들어가
널리 중생에게 청정한 눈을 보시하시니
이 눈이 있는 이가 행하시는 바 도입니다.

이미 일체 모든 도사의
평등한 신통인 둘이 없는 행을 구족하였으며
여래의 자재한 힘을 얻으셨으니
이 잘 수행하는 이가 행하시는 바 도입니다.

일체 모든 세간에 두루 유행하여

끝없는 묘한 법의 비를 널리 내려
다 하여금 그 뜻에 결정코 요달함을 얻게 하시니
이 진리의 구름을 가진 이가 행하시는 바 도입니다.

능히 부처님의 지혜와 그리고 해탈에
깊이 청정한 믿음을 내어 영원히 물러나지 아니하여
믿음으로써 지혜의 뿌리를 생기하시니
이 잘 배우는 이가 행하시는 바 도입니다.

능히 한 생각에
일체중생을 남김없이 다 알며
저 중생의 마음에 자성을 아시니
자성이 없는 줄 요달한 이가 행하시는 바 도입니다.

법계의 일체 모든 국토에
다 능히 변화하여 가는 것이 수없이 많지만

그 몸이 가장 묘하여 함께 짝할 이를 끊으시니
이 비교할 수 없는 수행자의 행하시는 바 도입니다.

부처님의 세계가 끝도 없고 수도 없지만
한량없는 모든 부처님이 그 가운데 계시니
보살이 저 앞에 다 나타나
친근하고 공양하여 존중함을 냅니다.

보살이 능히 홀로 한 몸으로써
삼매에 들어 고요히 결정하여
하여금 그 몸이 수없이 많지만
낱낱이 다 삼매로 좇아 일어나는 줄 보게 하십니다.

보살이 머무는 바가 가장 깊고 묘하며
행하는 바와 짓는 바가 희론을 초월하며
그 마음이 청정하여 항상 기쁘고 즐거워

능히 중생으로 하여금 다 환희케 합니다.

모든 근성과 방편이 각각 차별하지만
능히 지혜로써 다 분명하게 보아
모든 근성의 중생이 의지할 바가 없는 줄 아시니
조복하기 어려운 것을 조복하는 이가 행하시는 바
도입니다.

능히 방편으로써 교묘하게 분별하여
일체법에 자재함을 얻었기에
시방세계가 각각 같지 않지만
다 그 가운데 있으면서 불사를 지으십니다.

모든 근성이 미묘하고 모든 행도 또한 그러하여
능히 중생을 위하여 널리 법을 설하시니
그 누구든 듣는 이가 기뻐하지 않겠습니까.

이 허공 같은 이가 행하시는 바 도입니다.

지혜의 눈이 청정하여 더불어 같을 이가 없으며

일체법을 다 분명하게 보아

이와 같은 지혜로 교묘하게 분별하시니

이 비등할 수 없는 이가 행하시는 바 도입니다.

있는 바 끝없이 광대한 복으로

일체를 수행하되 하여금 구경까지 하여

모든 중생으로 하여금 다 청정케 하시니

이 비교할 수 없는 이가 행하시는 바 도입니다.

널리 조도助道의 법을 닦아 이루기를 권하여

다 하여금 방편方便의 지위에 머묾을 얻게 하여

중생을 제도하기를 수없이 하였지만

일찍이 잠깐도 중생이라는 생각을 내지 아니하셨습

니다.

일체 근기의 인연을 다 관찰하되
먼저 저들의 뜻을 호지하여 하여금 다툼이 없게 하고
널리 중생에게 안은한 처소를 현시하시니
이 방편을 가진 이가 행하시는 바 도입니다.

최상으로 제일가는 지혜를 성취하고
한량없고 끝없는 지혜를 구족하여
모든 사부대중에게 두려운 바가 없으시니
이 방편 지혜를 가진 이가 행하시는 바 도입니다.

일체 세계와 그리고 모든 법에
다 능히 두루 들어가 자재함을 얻으며
또한 일체 대중이 모인 가운데 들어가
군생을 제도하여 해탈케 하기를 수없이 하셨습니다.

시방의 일체 국토 가운데
큰 법고를 쳐 군생을 깨우치되
법시의 주인이 되어 최고로 더 이상 없으시니
이 사라지지 않는 이가 행하시는 바 도입니다.

한 몸이 결가부좌하고 바로 앉아
시방의 한량없는 국토에 충만케 하지만
그 몸으로 하여금 급박하거나 비좁지 않게 하시니
이 법신을 가진 이가 행하시는 바 도입니다.

능히 한 뜻과 한 문장 가운데
한량도 없고 끝도 없는 법을 연설하지만
그 끝을 가히 얻을 수 없이 하시니
이 끝없는 지혜를 가진 이가 행하시는 바 도입니다.

부처님의 해탈을 잘 닦아 배우고

부처님의 지혜를 얻어 장애가 없으며
두려움이 없음을 성취하여 세상에 영웅이 되시니
이 방편을 가진 이가 행하시는 바 도입니다.

시방세계의 바다를 요달하여 알며
또한 일체 부처님 세계의 바다를 알며
지혜의 바다와 불법의 바다를 다 요달하여 아시니
중생이 보는 이가 다 기뻐하고 경사합니다.

혹 태중에 들어가고 그리고 처음 태어남을 시현하며
혹 도량에서 정각을 이루는 것을 시현하여
이와 같이 다 세간으로 하여금 보게 하시니
이 끝없는 이가 행하시는 바 도입니다.

한량없는 억수 국토 가운데
그 몸이 열반에 들어감을 시현하지만

진실로 서원을 버리고 열반에 돌아가길 원치 않으
시니
이 영웅의 논리를 가진 이가 행하시는 바 도입니다.

견고하고 미묘하고 비밀한 하나의 묘한 몸이
부처님으로 더불어 평등하여 차별이 없지만
모든 중생을 따라 각각 달리 보나니
하나의 진실한 몸을 가진 이가 행하시는 바 도입니다.

법계가 평등하여 차별이 없으며
한량도 없고 끝도 없는 뜻을 구족하였지만
한 모습도 마음에서 옮기지 않는 줄 즐겁게 관찰하
시니
삼세의 지혜를 가진 이가 행하시는 바 도입니다.

저 모든 중생과 그리고 불법에

건립하고 가피하여 섭지하는 것을 다 구경까지 하여

소유한 가피지력이 부처님과 같으시니

최상으로 섭지하는 이가 이 도를 행하십니다.

신족통이 걸림이 없어서 오히려 부처님과 같으며

천안통이 걸림이 없어서 최고로 청정하며

이근통이 걸림이 없어서 잘도 들으시니

이 걸림 없는 뜻을 가진 이가 행하시는 바 도입니다.

있는 바 신통을 다 구족하며

그 지혜를 따라 다 성취하여

일체를 잘도 아는 것이 짝할 바가 없으시니

이 어질고 지혜로운 이가 행하시는 바 도입니다.

그 마음이 바른 삼매에 들어 동요하지 아니하며

그 지혜가 광대하여 끝이 없어서

있는 바 경계를 다 밝게 통달하시니
일체를 보는 이가 행하시는 바 도입니다.

이미 공덕의 언덕에 이르러
능히 차례를 따라 중생을 제도하지만
그 마음은 필경에 싫어하거나 만족함이 없으시니
이 항상 부지런한 이가 행하시는 바 도입니다.

삼세에 있는 바 모든 불법의
이 일체가 다
여래의 종성으로 좇아 생기하는 줄 알고 보시니
저 모든 부처님의 제자가 이 도를 행하십니다.

따르는 말을 이미 성취하고
어기는 담론을 잘 최복하여
항상 능히 부처님의 보리에 나아가시니

끝없는 지혜를 가진 이가 행하시는 바 도입니다.

한 광명이 비치어 닿는 곳이 끝도 한도 없어서
시방의 국토에 다 충만하고 두루하여
널리 세간으로 하여금 큰 광명을 얻게 하시니
이 어둠을 깨뜨린 이가 행하시는 바 도입니다.

그들이 응당 보고 응당 공양함을 따라
여래의 청정한 몸을 나타내어
중생 백천억을 교화하시니
부처님의 세계를 장엄하는 것도 또한 이와 같이 하십
니다.

중생으로 하여금 세간을 벗어나
일체 묘한 행을 다 닦아 익히게 하시니
이 행이 넓고도 커서 끝이 없거니

어떻게 능히 아는 이가 있겠습니까.

가사 분신分身을 가히 말할 수 없이 하여
법계와 허공계로 더불어 동등하게 하여
다 함께 저 공덕을 칭양할지라도
백천만억 세월에 능히 다 칭양할 수 없습니다.

보살은 공덕이 끝이 없고
일체 수행을 다 구족하였으니
가사 한량도 없고 끝도 없는 부처님이
한량없는 세월에 설할지라도 다 설할 수 없거든

어찌 하물며 세간에 하늘과 그리고 사람과
일체 성문과 그리고 연각이
능히 한량도 없고 끝도 없는 세월에
찬탄하고 칭양하여 구경에 다함을 얻겠습니까.

관허 수진貫虛 守眞

1971년 문성 스님을 은사로 출가, 1974년 수계, 해인사 강원과 금산사 화엄학림을 졸업하고, 운성, 운기 등 당대 강백 열 분에게 10년간 참문수학하였다.

1984년부터 수선안거 10년을 성만하고, 1993년부터 7년간 해인사 강원 강주로 학인들을 지도하였다.

대한불교조계종 교육위원, 역경위원, 교재편찬위원, 중앙종회의원, 범어사 율학승가대학원장 및 율주를 역임하였다.

현재 부산 승학산 해인정사에 주석하면서, 대한불교조계종 고시위원장, 단일계단 계단위원·3대아사리, 동명대학교 석좌교수, 동명대학교 세계선센터 선원장, 국민권익위원회 자문위원 등의 소임을 맡고 있다.

화엄경 독경본 5

초판 1쇄 인쇄 2024년 8월 7일 | **초판 1쇄 발행** 2024년 8월 14일
옮긴이 관허 수진 | **펴낸이** 김시열
펴낸곳 도서출판 운주사

　　　(02832) 서울시 성북구 동소문로 67-1 성심빌딩 3층
　　　전화 (02) 926-8361 | **팩스** 0505-115-8361
ISBN 978-89-5746-849-4　04220　값 17,000원
ISBN 978-89-5746-674-2　(세트)
http://cafe.daum.net/unjubooks〈다음카페: 도서출판 운주사〉